AF204893

Ich bin nicht satt geworden

Ich bin nicht satt geworden

von

Veronika Bergmann

 tredition®

Bibliografische Information Der Deutschen Nationalbibliothek
Die Deutsche Nationalbibliothek verzeichnet diese Publikation in der Deutschen Nationalbibliografie; detaillierte bibliografische Daten sind im Internet über http://dnb.dnb.de abrufbar.

© Copyright 2019
by Veronika Bergmann
Umschlag: Ursula I. Meyer
Verlag: tredition GmbH, Hamburg

Printed in Germany

ISBN 978-3-7482-3596-5 (Paperback)
ISBN 978-3-7482-3597-2 (Hardcover)
ISBN 978-3-7482-3598-9 (e-Book)

Vorwort

Warum mache ich mir selbst das Leben so schwer, warum habe ich so wenig Nachsicht mit mir? Und warum habe ich das Gefühl von anderen immer Steine in den Weg gelegt zu bekommen? Ich denke, diese Fragen stellen sich viele Menschen, vor allem Frauen aus meiner Generation, der ersten Nachkriegsgeneration, ich bin 1947 geboren. Erst heute weiß ich, was das eigentlich bedeutet hat. Studien haben die Nachwirkungen des Zweiten Weltkrieges auf die folgenden Generationen untersucht. Also nicht nur auf unsere, sondern auch auf die darauffolgende, auch die *Kriegsenkel* sind betroffen. Unsere Generation war geprägt von den Traumata unserer Eltern.

Warum haben unsere Eltern geschwiegen? Oder die Dinge verdreht? Das Schweigen unserer Väter und zum Teil auch unserer Mütter ist mir heute unverständlich. Eigentlich bin ich mir selbst unverständlich. Warum habe ich nicht nachgebohrt, Fragen gestellt, nachgehakt?

Wir Kinder fühlten uns gezwungen, brav zu sein, keinen Ärger zu machen, eben nicht aufzufallen. Auf mich trifft dieses Verhalten haargenau zu. Erst jetzt, mit über sechzig Jahren, auf der Suche nach mir selbst, fange ich an, offen meine Meinung zu sagen.

Studien zeigen, dass sich bei manchen Kriegsenkeln alte Muster wiederholen, wie beispielsweise ein rastloser Arbeitseifer, zu wenig Selbstwertgefühl oder zu wenig Nachsicht mit sich selbst.[1]

Die Autorin Sabine Bode, die den Spiegel-Bestseller *Kriegsenkel* geschrieben hat, staunt über die Resonanz, die ihr entgegen gebracht wird, als sie das Verhalten von Nachkriegseltern und deren Kindern untersucht.

Sie schreibt von einem 70-jährigen Mann, der bis vor zehn Jahren mit kaum zu bewältigenden Spannungen und Ängsten durchs Leben lief, ohne zu wissen, woher sie kamen. Er sagte, »Das Schlimme ist, dass man nicht weiß, dass man kriegstraumatisiert ist. Als Kind versteht man das nicht. Auch später hat niemand darüber geredet. So hört der innere Schrekken nie auf, und man beschimpft sich als Erwachsener noch dafür.«[2]

Ich hatte zwar einen anderen Fokus, doch ich finde darin meinen Ex-Mann wieder. Ferdinand entspricht eher den hier im Buch beschriebenen Menschen, seine unbändige Arbeitslust und -wut. Er und seine Geschwister wurden mit ihren Gefühlen allein gelassen. Arbeit war das wichtigste Gebot seines Vaters, etwas anderes kannte er nicht. Er war vom Schwei-

---

1 Vgl. http://www.spiegel.de/wissenschaft/mensch/verdraengter-schrecken-wie-kriegskinder-ihr-trauma-vererben-a-610297.html (1.8.2017)
2 Sabine Bode: *Kriegsenkel*, Hamburg 2017, S. 25

gen der Kriegsgeneration infiziert. Wie sollte es da mir gelingen, seine Seele zu erreichen?

Ich war schon völlig überfordert damit, die Kinder vor den Ausbrüchen ihres Vaters zu schützen und ihnen trotz aller Widerstände ein gutes Zuhause zu schaffen. Sicher ist, dass sie einen wohlwollenden Vater vermisst haben, einen Freund an ihrer Seite, der auch mal mit ihnen lachen konnte oder wenigstens mit ihnen redete.

Neulich führte ich ein Gespräch mit unserer ältesten Tochter. Ich hakte ein wenig nach, und fragte: »Was meinst du, Sabine, wäre es nicht ehrlicher gewesen, ich hätte euch Ferdinands wahres Gesicht nicht vorenthalten? Vielleicht würdet ihr dann die Trennung und alles, was dazugehört, besser verstehen.« »Auf keinen Fall, Mama«, antwortete sie, »das hätten wir nicht überlebt, vor allem nicht die jüngeren Brüder.« Inzwischen hat sich meine Meinung geändert. Ein ehrliches Geständnis über unsere Ehe, als sie 15 oder 16 Jahre waren, wäre vielleicht entspannter für mich und die Kinder gewesen. Aber diese Erkenntnis kommt wieder einmal zu spät.

Mit diesem Buch möchte ich Fragen ansprechen, die unbeantwortet sind, neue aufwerfen und auf diesem Weg versuchen, mein eigenes Leben zu analysieren und zu ergründen. Diese Untersuchung erfordert einen Weg durch Vergangenheit und drei Generationen. Aus Anteilnahme, Betroffenheit und Respekt gegenüber meinen Vorfahren, möchte ich auch ihre Spuren hinterlassen.

Meine Mutter war eine wohlhabende Bauerntochter mit sozialem Status und, aus damaliger Sicht, einer höheren Schulbildung. Nach dem Krieg ist die Familie jedoch völlig verarmt. Dieser Abstieg und die daraus entstehenden Probleme haben uns drei Mädchen geprägt und sind verantwortlich für unsere Sozialisation. Die Armut hat keine Entwicklung zugelassen. Der Kampf ums Dasein war das tägliche Gebot.

Meine beiden Schwestern und ich sind ohne jegliche Anreize aufgewachsen, und diese sind für die Entwicklung eines Kindes nötig. Dieser Mangel an Entfaltungsmöglichkeiten ist nach meiner Meinung der größte Stolperstein in meinem Leben gewesen. Er hat mich zu einer Spätentwicklerin gemacht, eine Tatsache, die sich wie ein roter Faden durch das Buch zieht.

Erst in der Mitte meines Lebens, mit etwa 40 Jahren, als ich immer kränklicher und depressiv wurde, ist mir klar geworden, dass meine Psyche noch mehr rebelliert als mein Körper. Mit Selbstbeobachtung und Analyse begann ich meine Seelenarbeit.

Inhalt

Kapitel 1
Was bleibt, ist Erinnerung

In diesen Stunden zog mein ganzes Leben an mir vorbei. Ich saß am Krankenbett von Ferdinand, meinem Ehemann, dem Vater meiner Kinder, dem gegenüber auch ich mich oft wie ein Kind gefühlt hatte. Nun lag er im Sterben. Jetzt war er das Kind, schon seit Jahren konnte er weder sprechen noch seine Arme und Beine bewegen. In diesen letzten Stunden hielt ich ihn im Arm, streichelte vorsichtig seine Wangen und spürte, dass er meine Anwesenheit bemerkte. Ich hörte auf seinen keuchenden Atem, der irgendwann ganz ruhig wurde. Und plötzlich war es still.

Wie viele Jahre habe ich mit diesem Mann gekämpft, nicht körperlich, sondern emotional, mit seinem stoischen Wesen, seiner eigensinnigen Art gerungen und immer nur Enttäuschung verspürt. Doch ich habe mich in der Auseinandersetzung mit ihm und unserer Beziehung selbst entwickelt.

Schon lange lebten wir nicht mehr im gleichen Haus, waren neue Partnerschaften eingegangen. Aber es verband uns immer eine freundschaftliche Beziehung und natürlich unsere vier Kinder.

Ich ließ unsere gemeinsame Zeit Revue passieren und fragte mich, wie kam es eigentlich, dass wir überhaupt geheiratet hatten. Habe ich ihn geliebt, wusste ich damals überhaupt was Liebe war?

Schon mit 16 Jahren hatte ich Ferdinand kennen gelernt. Er gehörte zu einer Gruppe von jungen Männern, die meine Schwester an ihrem Namenstag besuchten (früher wurde nicht der Geburtstag, sondern nur der Namenstag gefeiert). Zum Zeitvertreib wurde Karten gespielt und dabei bemerkte ich die Blicke eines jungen Mannes, er hieß Ferdinand. Ich genoß zwar sein Interesse, aber so richtig gefallen hat er mir eigentlich nicht, obwohl er sehr lustig und gesprächig war. Mama hänselte mich am folgenden Tag: »Der Junge gestern hat dir vielleicht schöne Augen gemacht.«

Zu dieser Gruppe gehörte ein weiterer Junge, der Toni den Hof machte. Für sie war es auch nicht der Richtige, trotzdem ließen wir uns sonntags zu einer Tour mit dem Auto einladen. Interessanter als Zuhause zu sitzen, war es allemal. Aber um 18 Uhr, zur Stallarbeit, mussten wir wieder antreten.

Ferdinand ließ nicht locker und weil kein anderer in Sicht war, ließ ich mich auf eine Beziehung mit ihm ein. Meine Eltern mochten ihn, er half beim Heu machen und anderen Ernten aus, war fleißig und immer gut gelaunt, so einen Schwiegersohn wünschten sie sich.

Heute verstehe ich gar nicht mehr, warum ich mit erst 19 Jahren »Ja« sagte. Wenn ich mich mit meinen Enkeln vergleiche, war ich nicht erwachsen, sondern hatte damals die Reife einer 12-jährigen. Nur gearbeitet habe ich natürlich wie eine richtige Frau.

Ich hatte überhaupt keine Ahnung von der Ehe, von Familienplanung, von Verhütung und natürlich wusste ich nicht, wie Männer im Vergleich zu Frauen gestrickt waren. So lief ich blind in mein Unglück, bis zur Trennung von Ferdinand nach 33 Ehejahren.

Damals wurden Kurse für Paare vor der Hochzeit angeboten. Diese Vorträge begeisterten mich total. Wir bekamen Fragebögen zum Ausfüllen, um unsere Gefühle zu testen und zu erkennen.

Ferdinand konnte mit diesem Kurs überhaupt nichts anfangen und machte sich nur darüber lustig, genauso wie der inzwischen feste Freund meiner Schwester. Seine Skepsis irritierte mich zwar und ärgerte mich natürlich, aber mir war nicht klar, welche innere Leere der Grund dafür war. Diese Leere erwies sich in den folgenden Jahren als größtes Problem, aber damals erkannte ich das nicht. Mein Geist war gar nicht fähig, so etwas zu analysieren, aber meine Gefühle haben schon damals richtig gelegen, ich empfand nur Traurigkeit.

Dass ich so unerfahren in diese wichtigste Beziehung in meinem Leben gestolpert bin, hat mit unserem einschränkenden Leben zu tun. Umgeben von Vieh und ohne Eindrücke, die den Geist formen, wuchsen meine Schwestern und ich auf.

Meine Kindheit und Schulzeit

Schon mit 14 Jahren war für mich die Schule zu Ende und es gibt nichts, was ich mehr bedauere. Als ich die Dorfschule abgeschlossen hatte, wollte ich eigentlich mit der Mittelschule anfangen. Ich wurde aber gar nicht gefragt, was ich später machen möchte, Mama suchte das aus, was am wenigsten kostete. Da meine Schwester Toni in einem kleinen Krankenhaus in Vianden arbeitete, erschien es meinen Eltern praktischer, wenn ich dort zur Schule gehen würde. Dort gab es aber nur eine landwirtschaftliche Haushaltsschule, was für mich total uninteressant war, da ich ja keine Bäuerin werden wollte.

Sogar unsere Dorflehrerin riet meiner Mutter: »Lass die Veronika studieren, sie hat das Zeug dazu«. Aber meine Eltern warfen mich einfach ins kalte Wasser. Auch durfte ich nicht, wie die meisten anderen Kinder, am Wochenende nach Hause kommen. Ob es meiner Mutter zu teuer war, oder sie verhindern wollte, dass ich womöglich im Bus einen Jungen kennen lernte, weiß ich nicht, wahrscheinlich trifft beides zu.

Eigentlich ist es erstaunlich, dass meine Mutter so schnell beschloss, meine Schulbildung zu beenden. Sie selbst hatte nach der Schule noch ins Internat nach Liège gedurft.

Meine Mutter stammte aus einer der zwei angesehensten Familie in Schloßheck. Es scheint fast so, als hätte es früher dort keine anderen Namen als Margraf und Jakobi gegeben. Meine Kinder hatten Mühe, die Verwandtschaftsverhältnisse zu entwirren.

Beide Namen beherrschten von jeher, bis in die 1990er Jahre, das Dorf. Beide Familien hatten Geld und genug Grundbesitz und wie überall, auch viele Kinder.

Die einflussreichen Väter verheirateten ihre erwachsenen Kinder wiederum standesgemäß, vor allem die Töchter. So kam Geld zu Geld.

Meine Oma Gerti, eigentlich Gertrud Jakobi, liebte einen Lehrer, das duldete ihr Vater überhaupt nicht, »das arme Dorfschulmeisterlein«, so hieß damals ein Spottvers.

Also wurde sie gezwungen, ihren Nachbarn, Edmund Margraf zu nehmen, der 10 Jahre älter war und reichlich Geld und Grundbesitz hatte. Sie heiratete in den Hof ein und nach vier Jahren hatten beide bereits zwei Kinder, meine Mutter Marianne und ihren Bruder Stefan.

Die Nachkommenschaft war gesichert, deshalb wurde mein Opa vorsichtshalber in die Gesindekammer verbannt, er ließ es mit sich machen.

Meine Oma hatte das Sagen, spurte mein Opa nicht, ging sie zu ihrem Vater, der diesem dann die Meinung sagte. Opa ergab sich in sein Schicksal, er resignierte und ließ Oma Gerti schalten und walten. Er hatte ein sanftes Wesen und war meiner dominanten Großmutter nicht gewachsen. Meine Mutter hat den Charakter ihres Vater geerbt, auch sie konnte sich nicht durchsetzen, wenn es um ihre Mutter ging.

Mit großer Wahrscheinlichkeit habe auch ich diesen Mangel an Durchsetzungsvermögen und Wiederstandsgeist von Großvater geerbt. Hätte ich einmal so richtig auf den Tisch gehauen, wäre mir vieles erspart geblieben. Leider fehlte mir früher diese Einsicht und ich steckte zurück, aus Furcht, jemand könnte darunter leiden.

Damals, in den 1920er Jahren war es in Ostbelgien üblich, dass Kinder aus besserem Hause eine gute Schulbildung erhielten, vor allem wegen der französischen Sprache. Auch das Erlernen eines Musikinstrumentes war damals ein Muss: meine Mutter spielte Klavier, ihr Bruder Mandoline. Schule und Musik waren Statussymbole.

Mutter kam nach Liège in eine erzkatholische Nonnenschule, die als sehr streng galt. Sie erzählte: »Wenn wir einen Spaziergang durch den Park machten und sich aus der Ferne ein paar männliche Personen näherten, befahlen uns die Nonnen sofort, ›baisser vos yeux, les filles, c'est le diable, qui passent‹*.« Erzieherisch gesehen eine Katastrophe, die aber in Mädchenpensionaten Methode war. In Internaten für Jungen gab es sicher andere Erziehungsfehler. Mutters Bruder war allerdings in einem Internat in Verviers, in dem es nicht so konservativ zuging.

Für mich verabredete meine Mutter mit der Oberin des Krankenhauses, in dem Toni arbeitete, dass ich eine Unterkunft fürs Wochenende bekam; Kost und Logis und als Gegenleistung sollte ich dort arbeiten. Ich fand diese Abmachung gar nicht so schlimm, denn ich arbeitete gerne.

Doch vier oder fünf Wochen am Stück sind für ein Kind, das noch nie von Zuhause weg war, eine lange Zeit. Ich hatte solches Heimweh, dass die Oberin heimlich meine Eltern anrief und sie bat, mich doch wenigstens einmal zu besuchen. Das taten sie auch. Mitten im Unterricht wurde ich nach draußen gerufen und als ich meine Eltern sah, fiel ich Papa wei-

* Senken Sie Ihre Augen, Mädchen, es ist der Teufel, der vorübergeht.

nend in die Arme. Ich erzählte ihnen meinen Kummer, dass mir viele Dinge für den Unterricht fehlten, weil Mama sie nicht für nötig hielt, dass meine Mitschülerinnen über meine ärmliche Kleidung spotteten und meinen zerschrammten Koffer, ein Erbstück meines Vaters aus dem Krieg, einfach aus dem Fenster geworfen hatten. Beschämt musste ich meine mickrige Garderobe vom Schulhof auflesen.

Dem französischsprachigen Unterricht konnte ich gar nicht folgen, ich bekam keinen richtigen Satz zustande. In der Dorfschule, auf die ich bis 1959 gegangen war, hatten wir lediglich ein paar Vokabeln gelernt, aber keine Konjugationen.

Die Wochenenden im Klösterchen waren freundlicher. Die Schwestern mochten mich und stritten darum, mit wem ich arbeiten durfte. Die Bügelfrau brauchte Hilfe bei der Wäsche, die Stationsschwester beim Essen austeilen und die Küchenschwester wollte mich als Spülhilfe.

Von den Nonnen bekam ich viel Zuwendung und Lob für meine Arbeit. Sogar an meinen Namenstag hatten sie gedacht. Als ich am Samstag Mittag aus der Schule kam und zum Esstisch ging, hielt ich überrascht inne. An meinem Platz lagen viele kleine Geschenke, zwar bescheidene, aber ich habe mich selten so gefreut.

Es ist nicht zu übersehen, wie folgsam ich war. Für mich wäre es ein Leichtes gewesen, am Samstag Nachmittag statt ins Klösterchen zu gehen, einfach heimzufahren. Die Bushaltestelle kannte ich. Ich denke, jede 14-jährige hätte so gehandelt, zumal ich keine Bestrafung zu fürchten brauchte. Meine Eltern hätten sich bestimmt gewundert, aber dann wäre es eben so gewesen. Hätte ich weiter darauf bestanden, hätte ich jedes Wochenende heimfahren können. Papa schlug mir nicht so leicht etwas ab. Aber hier zeigt sich wieder, dass ich zu brav war und zu wenig Widerstand an den Tag legte. Auf jeden Fall war mir in dieser schrecklichen Schule jede Lust am Lernen vergangen.

Diese Erfahrung hat mich gelehrt, meine eigenen Kinder in die Pläne für ihre Zukunft einzubeziehen und ihnen zu erklären, wie wichtig ein neuer Lebensabschnitt für sie ist.

Mamas Erziehung

Mit meinen Schwestern waren meine Eltern weniger streng. Toni sollte mit 14 Jahren im Lyzeum anfangen. Nach drei Wochen gab sie wieder auf. Sie erzählte meinen Eltern von schrecklichen Gespenstern und da diese eine Nervenkrise befürchteten, musste sie nicht mehr hin. Auch meine jüngste Schwester

Barbara, die auf die gleiche Schule wie ich in Vianden gehen sollte, hielt es dort nur drei Wochen aus. Und das obwohl sie jedes Wochenende heim durfte.

Mit mir wurde nicht so viel Aufhebens gemacht, vielleicht habe ich mich zu selten gewehrt und leichter in mein Schicksal gefügt und ich war bestimmt nicht verwöhnt. Lieb und folgsam sein, und brav den Befehlen der Eltern gehorchen, das waren die Eigenschaften, die von Mädchen erwartet wurden.

Meine jüngste Schwester Barbara war viel widerspenstiger als Toni und ich. Als Kleinkind war sie oft krank, deshalb kümmerte sich Mama mehr um sie, was wiederum dazu führte, dass Barbara anspruchsvoller wurde. Die ganze Fürsorge ging so in die falsche Richtung. Barbara wurde verhätschelt, es fehlte ihr an einer richtigen Orientierung. Zeitlebens litt meine Schwester unter dieser ambivalenten Erziehung.

Als Kinder haben wir Schwestern es gar nicht bemerkt, deshalb waren Toni und ich fassungslos als uns Barbara davon erzählte: Da sie sich als einzige traute zu widersprechen, wurde Mama böse und ihr rutschte hin und wieder die Hand aus. Ich vermute, meine Mutter war einfach überfordert.

Normalerweise wurden Streit und Schläge bei uns vermieden. Dafür wurden wir von Mama manipuliert. Vor allem bei Tisch teilte sie uns mit, was sich gehörte und was nicht. Mutter beschrieb besonders gerne Situationen oder Menschen, die sich nicht anständig benahmen oder frech waren, und machte uns so klar, wie wir uns verhalten sollten. Ein Beispiel: wir kamen gerade aus dem Hochamt, was immer reichlich Gesprächsstoff für meine Mutter lieferte, da erzählte sie: »Habt ihr gesehen, was unsere Nachbarin für Absätze getragen hat, dabei ist sie hochschwanger. Da läuft man nicht mit so hochhackigen Schuhen rum.« Oder sie sagte: »habt ihr gesehen, dass Anna ihren Mann auf der Orgelbühne ganz verliebt angeschaut hat und auch noch gelacht, sie sollte sich was schämen.«

Auf diese Weise vermittelte uns Mama ihre Wertvorstellungen und ihre Weltsicht. Jahre lang ließ ich mich beeinflussen durch Aussprüche wie, »das gehört sich nicht«. Wir sollten vor allem lieb sein. Aber ich konnte ihre Ansichten nicht verinnerlichen, sondern hatte immer den Eindruck, nicht in Ordnung zu sein; dieses Gefühl überschattete mein ganzes Leben. Lange traute ich meinen Gefühlen und Wünschen nicht und noch heute bin ich manchmal unsicher. Diese Unsicherheit kann ich aber nicht nur der Erziehung meiner Eltern zuschreiben.

So eine Erziehung ist auch eine Form von Gewalt. Meiner Mutter war sicher nicht bewusst, welche Folgen ihre Verhaltensmaßregeln hatten. Aber freie Entfaltung unserer Persönlichkeit gab es nicht, sondern unsere Eigenständigkeit wurde eher behindert. Bei mir führten ihre Idealvorstellungen eher dazu, dass ich mich unzulänglich fühlte.

Aus ihren Erzählungen entnahmen wir, dass Mama in einer viel lockereren Umgebung aufgewachsen war, als wir selbst. Lockerer, weil sie das Glück hatte, ganz unbefangen mit den jungen Männern des Dorfes Tanzveranstaltungen zu besuchen. Als Mädchen aus besserem Hause hatte sie besondere Freiheiten, die andere nicht hatten. Ihre Mutter befahl ihr nur: »Egal, wann ihr heimkommt, komm' nicht ohne deinen Bruder.« Er war der Augapfel von Oma Gerti und brauchte Schutz.

Oma Gerti

Oma Gerti hatte das Regiment über Haus und Hof, befehligte die Mägde und Knechte und die Tagelöhner. Bei aller Dominanz besaß sie aber auch gute Eigenschaften. So behandelte sie das Personal immer anständig. Sie wurden verköstigt und Oma gewährte sogar eine Stunde Mittagspause. Mein Opa war schon froh über ein warmes Plätzchen am Ofen, allerdings durfte er drinnen seine geliebte Pfeife nicht rauchen.

Manchmal kam eine Tagelöhnerin mit einem selbst gepflückten Blumenstrauß vorbei. Dann konnte sie sicher sein, dass Oma Gerti ihr ein Frühstück auftischte.

Meine Oma war auch kein Kind von Traurigkeit. Ein ehemaliger Knecht erzählte einmal: »Wir wussten, wo Oma Gerti ihren Schinken versteckt hatte. In der Nacht vor der Dorfkirmes gingen wir in ihr Schlafzimmer und suchten ihr Korsett unter dem Plümo. Das zog ich mir an und alle lachten, auch Oma Gerti, und dann bekamen wir ein gutes Stück von ihrem Schinken.« So verkleidet zog der Knecht auch noch ins Schloßhecker Wirtshaus.

Auch dann, wenn gerade während der Kirmes eine Sau ferkelte, eine langwierige Prozedur, gab Oma den Dienstboten frei, um zum Ball zu gehen, dafür musste dann meine Mutter einspringen. Das war die andere Seite meiner Großmutter.

Oma Gerti liebte die feine Küche und deshalb meldete sie sich als Hausdame für den Dorfpfarrer. Es war damals üblich, dass der Pastor von einer Familie im Dorf mitversorgt wurde. Ihm wurden auch eigene Räume zugeteilt, in denen er privat essen konnte, oder man saß gemeinsam am Mittagstisch.

Mutter erzählte immer, dass die Zeit mit dem Pastor eine schöne ruhige Phase gewesen sei, für alle

Anwesenden. Oma rauschte durchs Haus, trug eine frisch gestärkte Schürze und war voll und ganz damit beschäftigt, das bestmögliche Essen aufzutischen. Onkel Stefan freute sich: »Jetzt lässt sie uns endlich in Ruhe unsere Feldarbeit machen und mischt sich nicht dauernd in landwirtschaftliche Dinge ein. Gut, dass der Pastor hier ist, jetzt ist sie in ihrem Element.«

Andererseits war durch die Anwesenheit des Pastors im Hause und bei Tisch immer eine Respektsperson dabei, der man Höflichkeit entgegen bringen musste. Und Oma schuf so eine sehr religiöse Atmosphäre in der Familie.

Dieser Umstand beeinflusste auch Mamas Weltbild, denn die ständige Gegenwart des Pastors bestimmte die Gesprächsthemen. So erlebte meine Mutter eine extrem religiöse Sozialisation, was ihre Ausbildung in einer katholischen Schule abrundete.

Auch wir wurden mit diesen religiösen Werten und Traditionen groß. Jeden Tag in die Messe, Sonntagsandacht mit Christenlehre, letztere war besonders gemein. Uns Kindern wurden Fragen über den Katechismus gestellt, wussten wir die Antwort nicht, waren unsere Eltern blamiert.

Drei Generationen unter einem Dach

Ihr Leben lang hat meine Mutter unter ihrer Mutter gelitten. Aber sie blieben immer räumlich eng verbunden. Auch wenn meine Eltern öfters umzogen, haben sie unseren kleinen Ort nie verlassen. In den 1950er Jahren starb mein Opa. »Woran ist er überhaupt gestorben?«, fragte ich einmal nach. »Durch Vernachlässigung verkümmert«, meinte meine Mutter.

Nun war meine Großmutter alleine, nur ein treuer Knecht, Heinz, war geblieben. Oma war nun gezwungen Hilfskräfte einzustellen, um den Hof zu versorgen. Und da er nicht mehr genug abwarf, um diese zu bezahlen, entlohnte Oma die Helfer mit Ländereien.

Als sie immer kränker und schwächer wurde, war Oma gezwungen, eine andere Lösung zu suchen. Sicher ist es ihr nicht leicht gefallen und der Druck muss sehr groß gewesen sein, als sie schließlich meine Eltern um Hilfe bat. Zu dieser Zeit lebten wir sehr bescheiden. Meine Mutter versorgte die Kühe und das Jungvieh und Vater arbeitete zusätzlich im Wald. 1958 kam nun Oma mit der Bitte, ihren Hof zu übernehmen. Das hätte eigentlich ein Triumph sein müssen, vor allem für meine Mutter. Sie hätten nun die Möglichkeit gehabt, sich aus der Dominanz herauszukämpfen. Meine Großmutter war ja geschwächt. Aber sie nutzten einmal mehr die Gunst der Stunde nicht. Verpassten die Gelegenheit, Annehmlichkeiten für sich herauszuschlagen. Nichts dergleichen, Mama hatte sogar noch Mitleid mit ihrer kränklichen Mutter.

Wir Mädchen waren zu dieser Zeit zwölf, acht und fünf Jahre alt. Und natürlich liebten wir Neuerungen, größer, schöner und vor allem eine Toilette mit Wasserspülung. Schon vor dem Krieg hatte unsere Oma diese einbauen lassen, und zwar als der Pastor bei ihr wohnte. Es wäre ja eine Zumutung gewesen, hätte der Pastor aufs Häuschen mit der Herzerl gehen müssen. Uns Kindern war dieses Häuschen ein Greuel, es war schmutzig, dunkel und stank fürchterlich. Inzwischen wurde es bei Oma nur noch vom Personal benutzt.

Badezimmer und fließendes Warmwasser sind bei uns in den Dörfern erst in den 1960er und 70er Jahren eingerichtet worden. Die Modernisierung der Landwirtschaft, die Ausstattung der Ställe mit Melkmaschinen hatte immer Vorrang, weil sie die anstrengende Arbeit erleichterte.

Für ihre Zeit war Oma also hochmodern eingerichtet. Aber nach dem Krieg kam der Stillstand. Die anderen Landwirte erneuerten ihre Höfe, aber bei uns fehlte dazu das Geld. Geld war immer das Problem.

Vater hatte Mühe, den Traktor abzustottern. Außerdem verlangte Oma Pacht für das Land, das ihr gehörte. So hatte Mama nur ihr väterliches Erbe und das reichte nicht aus, um über die Runden zu kommen.

Der Wohnungswechsel war also nicht so verlaufen, wie meine Eltern sich vielleicht erhofft hatten. Schon nach einem halben Jahr krachte es wieder. Mein Vater und Oma zusammen an einem Tisch, das war undenkbar.

Oma richtete sich auf der ersten Etage häuslich ein, zusammen mit ihrem treu ergebenen Knecht Heinz, der jetzt zu ihrem Leibdiener wurde. Uns fehlte im Erdgeschoss der Platz, also schränkten wir uns ein. Wir drei Mädchen teilten uns ein Zimmer, das auch noch mit einem großen Kamin ausgestattet war, in dem der Schinken geräuchert wurde.

Ich war damals acht Jahre alt und mir fehlte die Zuwendung. Also gewöhnte ich mir an, nachts ins Schlafzimmer meiner Eltern zu gehen und zu jammern, dass ich nicht schlafen konnte. Dann stand Mama auf, zog um in mein Bett und ich legte mich an Papas Seite. Dort fühlte ich mich geborgen und schlief sofort ein. Sie ließen mich ein paar Tage gewähren, dann sprach Papa ein Machtwort; natürlich gehorchte ich sofort, aber die Zuwendung fehlte mir immer noch.

Eine Rolle spielte bestimmt auch die feindselige Atmosphäre im Haus. Sie blieb so lange bestehen, bis Oma ernstlich krank wurde. Es begann mit einem Leistenbruch, dann stürzte sie öfters. Schließlich musste sie im Rollstuhl sitzen. Nun war Oma auf die Hilfe meiner Eltern angewiesen, und ihr Ton wurde freundlicher. Doch immer, wenn Mama die Treppe herunterkam, wirkte sie erschöpft. Ich glaube, sie wagte noch immer nicht, ihrer Mutter gegenüber einen anderen Ton anzuschlagen. Sie war noch immer zaghaft, wenn nicht sogar unterwürfig. Während sie sonst mit allen hochgestellten Persönlichkeiten selbstbewusst reden konnte, kapitulierte sie bei Oma.

Zu uns Kindern war meine Oma immer nett, aber sie war keine Bilderbuch-Oma. Außerdem hatten wir durch die vielen Klagen meiner Mutter ein schwieriges Verhältnis zu ihr.

Die Familie meines Vaters
aus Rohren bei Monschau

Die Familie meines Vaters stammt aus der Gegend um Monschau in Deutschland. Dort gab es vor dem Krieg wenig Verdienstmöglichkeiten, Webereien und Färbereien prägten die Stadt. Man hatte viele Bäche und die waren für die Arbeitsabläufe in den Fabriken wichtig.

In Monschau lernte mein Opa auch seine Frau kennen, Martha Bergmann, die dort als Näherin arbeitete. Als beide heirateten, zogen sie nach Rohren.

Meine Oma war eine sehr fromme Frau. Und obwohl sie selbst nicht viel hatten, war sie hilfsbereit und nähte für besonders arme Kunden die Sachen auch umsonst. Deshalb kam es immer wieder zu Streit mit Opa. Er war ein sehr ordentlicher Mann, der Wert auf das Äußere legt. So sorgte er dafür, dass seine Kinder nie mit ungeputzten Schuhen zur Schule gingen. Meine Mutter erzählte später, er sei ein Perfektionist gewesen, von Papa erfuhren wir nichts über seine Kindheit.

Zu Beginn des Krieges wurde Opa eingezogen. In Russland kämpfte er an der Front, teils zu Fuß, teils fuhr er Panzer. Dort zog er sich auch zwei schwere Verwundungen zu. Besonders schlimm war es, dass mehrere Geschosse seine Bauchdecke verletzten. Deshalb musste er Zeitlebens ein Stützkorsett tragen.

Wegen dieser Kriegsverletzung durfte Opa auch keine anstrengende Arbeit mehr verrichten. Deshalb wurde er, als er 1947 aus dem Krieg zurückkehrte, Straßenbahnschaffner auf der Strecke Raeren-Eynatten-Aachen, die es damals noch gegeben hat.

Nach seiner Pensionierung kam Opa Bergmann manchmal zu Besuch, wir Mädchen bekamen dann jede hundert Francs. Das Geld mussten wir allerdings gleich abgeben, weil es dringend gebraucht wurde.

Opa Bergmann war eine imposante Erscheinung, groß, schlank mit einer guten Figur und einem markanten Gesicht, so habe ich ihn in Erinnerung.

Er kam immer, um die Hecken zu schneiden. Damals gab es noch sehr viele davon. Im Dorf wussten gleich alle Bescheid, wenn »der alte Bergmann« wieder da gewesen war, »denn keiner konnte Hecken so akkurat schneiden wie er«.

Meine Onkel und Tanten

Außer meinem Vater hatten meine Großeltern noch zwei weitere Söhne und die Tochter Wilma. Der jüngste Sohn war Onkel Andreas, er studierte in Aachen und war Oberschullehrer. Er wohnte mit seiner Familie in Eschweiler, später bauten sie ein Haus in Oberforstbach.

Meine Tante Wilma heiratete Alfons, einen Mann aus Schönefeld, der auch Bergmann hieß, ohne mit meinem Vater verwandt zu sein. Er arbeitete als Meister in einer Weberei in Monschau. Später ging er in eine Textilfabrik nach Aachen, wie auch Onkel

Wilhelm. Er war der älteste Sohn und wohnte mit seiner Familie in Aachen. Onkel Wilhelm machte Karriere und erreichte sogar einen Direktorenposten. Sein Schwager Alfons war in der gleichen Firma und hatte das Glück häufig auf Geschäftsreise nach Italien geschickt zu werden.

Onkel Wilhelm und seine Frau hatten sechs Kinder, etwa im gleichen Alter wie wir. In ihrem Haus war es viel schicker und auch pingelig sauber. Ich traute mich gar nicht mich zu bewegen, um nichts schmutzig zu machen oder durcheinander zu bringen. Die schicken Mäntelchen meiner Kusinen und Vettern hingen ordentlich auf ihren Bügeln an der Garderobe. Ich war total fasziniert.

Wir Kinder kamen aus dem Staunen nicht heraus, wenn wir zu Besuch in die Stadt fuhren. Für uns war das eine andere Welt. Dort gab es Spielsachen, Roller und Kinderfahrräder. Wir standen ganz schüchtern herum und fühlten uns minderwertig. Meine Kusinen trugen schönere Kleider als wir, und hatten schon Strumpfhosen an, wir wussten nicht einmal, dass es so etwas für Kinder gab. Auch hatten unsere Kusinen und Vettern einen viel lockereren Umgang miteinander. Ich glaube, ich war von uns Dreien die Tolpatschigste und traute mich kaum zu reden und schon gar kein Spielzeug anzufassen.

Meine Kusinen und Vettern lernten auch alle ein Musikinstrument. Das gehörte in der Familie zum guten Ton. Zweimal die Woche kam abends ein Musiklehrer und es wurde musiziert. Doch bei uns gab es weder Zeit noch Geld, so dass wir Kinder nie mit Musik vertraut gemacht wurden.

Auch meine Oma wohnte dort, in der ersten Etage. Ich sah ihr immer voller Mitleid zu, weil ihre Hände zitterten. Das waren die Anfänge ihrer Parkinson-Erkrankung. Ich fand das als Kind schrecklich und befürchte noch heute, wenn meine Hände zittern, ich könnte diese Krankheit geerbt haben.

Es war Glück für meine Schwester Barbara, dass Onkel Wilhelm ihr Patenonkel war. Er machte ihr immer schöne Geschenke und ich erinnere mich an ein Weihnachtsfest, bei dem sie eine wunderschöne Puppe bekam. Sie wurde vom Postboten gebracht, das war auch etwas ganz Besonderes. Ich hätte diese Puppe natürlich auch gerne einmal angefasst, aber meine Schwester hütete sie wie ihren Augapfel und brüllte sofort, wenn ich ihr zu nahe kam. Also bat ich meine Mutter, Barbara zu Tante Bärbi zu schicken, die eine Etage über uns wohnte: »damit ich die Puppe auch mal richtig in den Arm nehmen kann.«
Die Kluft zwischen Aachen und Schönefeld war enorm. Dort lebte man das typisch gutbürgerliche

Leben der Nachkriegszeit, alles musste ordentlich sein und es wurde Wert darauf gelegt, was die Leute denken. Papas Geschwister lebten das Wirtschaftswunder, sie hatten ihre Chancen genutzt, konnten lukrative Berufe ausüben. Wenn wir bei ihnen zu Besuch waren, wurde der unterschiedliche Lebensstandard natürlich besonders deutlich und Papa tat mir richtig leid.

Bei uns stagnierte alles, es gab weder Wirtschaftswunder noch Fortschritt. Zu Hause herrschte Mangel nicht Überfluss. Geld, Arbeit, das alles fehlte, was zu Missverständnissen und Streitigkeiten führte. Mein Vater beklagte sich nie, doch heute, wo ich mich mit dem Leben meiner Eltern beschäftige, wird mir auch der Grund für sein Schweigen klar.

Erst jetzt kann ich meine Eltern besser verstehen und entwickle ein Gefühl für ihre Lebenssituation. Vielleicht auch, weil mein eigenes Leben schwierig war und ich mich rückblickend ein Stück weit in ihnen wiedererkenne.

Wir Mädchen wachsen heran

Unsere Zeit als junge Mädchen war von schwerer körperlicher Arbeit geprägt, auf dem Feld und im Haushalt. Damals war die Wäsche eine sehr anstrengende Tätigkeit. In einem großen Waschkessel, den man von unten befeuern konnte, wurde die schmutzige Wäsche gekocht. War sie heiß genug und aufgeweicht, wurde ein Teil mit vier Armen in den Topf eingesetzt und mit Strom verbunden. Dieses schleuderte dann die Wäsche hin und her, um sie zu waschen. Das war noch vergleichsweise leicht. Die Buntwäsche wurde auf einem Waschbrett sauber gerubbelt.

Danach wurde die ganze Wäsche in großen Wannen gespült und ein Teil nach dem anderen mit den Händen ausgewrungen, was gerade bei großen Wäschestücken gar nicht so leicht war. Wenn wir Glück hatten, funktionierte die Schleuder, wenn nicht, drehte Toni an einem Ende ich am anderen, bis das meiste Wasser raus war.

Unsere Wäscheleine war hinten im Garten. Der erste Teil des Gartens wurde für den Gemüseanbau genutzt, vor dem Krieg soll im zweiten Teil eine schöne Laube gewesen sein, das habe ich nicht mehr gesehen.

Oma Gerti hatte vor dem Haus auch wunderschöne kreisförmige Blumenbeete angelegt, diese habe ich noch gekannt. Aber meine Eltern haben alles zu einem Nutzgarten umfunktioniert.

Nachdem ich die Schule beendet hatte und wieder zu Hause lebte, war ich plötzlich ganz besessen von

Sauberkeit und Ordnung. Alles Schmutzige und Unordentliche wollte ich putzen und aufräumen. In einem Haushalt mit Landwirtschaft, kann man mit dieser Arbeit seine Tage ausfüllen. War ich im Haus fertig, ging ich in den Stall und bürstete die Kühe oder räumte den Schuppen auf.

Später habe ich es sehr bedauert, dass ich nicht in der Lage war, mir Gedanken darüber zu machen, was ich eigentlich wollte: »Ist das wirklich dein Leben? Wie sieht deine Zukunft aus? Was wünschst du dir?« Solche Fragen kamen mir gar nicht in den Sinn. Aber ich erinnere mich sehr lebhaft an meine Tagträume. Darin sah ich mich in schönen Kleidern, mit einem schlanken Körper (ich war damals etwas rundlich) in einem Haus ohne Schmutz und Gestank.

Heute denke ich, es wäre nahe liegend gewesen, mir zu überlegen, was ich tun kann, um diese Wünsche umzusetzen. Doch dafür fehlte mir die Weitsicht und von meinen Eltern kamen auch keine Impulse. Sie waren ganz zufrieden mit meinem Reinlichkeitswahn und lobten mich für meine Arbeit. Wahrscheinlich genoss ich das Lob, denn endlich wurden ich und meine Leistung wahrgenommen. Das Putzen erhöhte meinen Stellenwert, so dass ich auch bei den Verwandten im Ansehen stieg.

Auch meiner Oma gefiel es, wenn ich ihr die Fenster putzte oder die Wäsche bügelte. Von ihr bekam ich dafür immer ein bisschen Geld zugesteckt. Nach und nach begann ich, meine Mutter im Haushalt zu ersetzen, plante den Waschtag und den Frühjahrsputz. So wurde ich schließlich zu einem richtigen Aschenputtel.

Tonis Talente

Meine Schwester Toni war da schlauer und auch talentierter. Sie begann eine Ausbildung als Schneiderin, nähte schließlich nicht nur unsere Kleidung, sondern auch für andere Leute. Sie hatte außerdem großes Talent zum Malen und auch für andere künstlerische Richtungen, aber das konnte sie erst nach meiner Heirat ausleben.

Durch ihre Arbeit als Schneiderin war Toni von den Hausarbeiten befreit, die ihr so lästig waren. Sie hasste das Saubermachen wie die Pest, also blieb diese Arbeit an mir hängen. Heute denke ich, »selbst schuld«, ich hätte ja auch meine Talente entdecken können, Toni war auf jeden Fall geschickter.

Im Winter half ich ihr beim Nähen und lernte so das Nötigste. Es reichte jedenfalls aus, um Männerhosen zu flicken.

Meine Schwester liebte den Karneval über alles. Schon zwei Monate vorher machte sie sich Gedanken über ihre Kostüme, meist hatte sie nicht nur eines. Und sie waren sehr aufwendig. Mutter und Vater erlaubten ihr diesen Spass und Mama lobte sie sogar für ihr Geschick und ihre Fantasie.

Meine Schwestern und ich im Stall und bei der Feldarbeit

Als heranwachsende Mädchen hatten wir neben der vielen Arbeit keine Zeit für Flausen oder dumme Gedanken. Je nach Jahreszeit arbeiteten wir draußen, wobei Toni mir durch ihre Kraft bei der Feldarbeit überlegen war.

Eine Arbeit habe ich besonders gehasst, Toni machte sie weniger aus, und zwar den Mist aus dem Kuhstall auf den Weiden zu verteilen. Damals gab es dafür keine Maschinen, alles ging von Hand. Mein Vater lud den Mist auf einen Karren, mit dem Traktor ging es dann aufs Feld. Dort zogen wir in bestimmten Abständen kleine Haufen Mist vom Karren herunter und verteilten diese so dünn wie möglich. Diese Arbeit ging sehr in die Arme und am Feierabend waren wir todmüde. Aber ausruhen gab es nicht, dann kam erst noch die Stallarbeit.

Meine Schwester und ich arbeiteten sehr viel in der Landwirtschaft. Und es waren langwierige und anstrengende Tätigkeiten. Ein Beispiel ist die Rüben-ernte, die sehr gut zeigt, wie wenig Hilfsmittel wir zur Verfügung hatten, und das in den 1950er und 60er Jahren. Im Sommer musste man auf den Feldern jäten, im Herbst wurde geerntet. Die etwa neun Pfund schweren Rüben wurden mit den Händen aus dem Boden gezogen und aneinander geschlagen, damit sich die Erde löste. Dann wurden sie nebeneinander gelegt und wir trennten mit einem Beil das Grünzeug von der Wurzel.

Damals besaßen wir schon den Lanz Bulldog und konnten so die Rüben auf einen Anhänger laden und nach Hause fahren. Für die Lagerung eignete sich der Schlosskeller, direkt neben unserem Haus.

Damit war aber die Arbeit mit den Rüben nicht beendet, denn sie wurden im Winter an die Kühe verfüttert, um teures Kraftfutter zu sparen. Wir hatten sogar eine Schneidemaschine, speziell zum Zerkleinern der Rüben. Eine von uns drehte das Schwungrad, die andere warf die Rübenstücke in einen Korb an der Maschine. Am anstrengendsten für uns Mädchen war das Schleppen der vollen Körbe zur Futterkrippe der Kühe. Das mussten wir morgens und abends machen.

Den Feierabend verbrachte ich meist mit Lesen. Ich las alles, was ich in die Finger bekam. Und wenn mir der Lesestoff zu Hause ausging, fragte ich bei den Nachbarn nach. Leider war viel Kitsch dabei, aber das ist mir damals gar nicht so aufgefallen, Hauptsache, ich konnte lesen.

Wenn ich sehe, was meine Enkelkinder heute schon in der Schule lesen dürfen, muss ich staunen. Ihre Deutschbücher handeln von Kameradschaft, von Streit und Versöhnung, von Dingen, die sie für ihr Leben prägen werden. So etwas gab es früher nicht. Hätte ich solche Bücher gehabt, wäre nicht nur meine Bildung anders verlaufen.

Was uns in dieser Zeit des Heranwachsens völlig fehlte und was man so dringend gebraucht hätte, waren Gespräche, die unsere Entwicklung hätten fördern können. Stattdessen redete meine Mutter eigentlich nur über ihre unglückliche Beziehung zu Oma, oder andere Themen aus der Vergangenheit. Aber wir hätten eine Mutter gebraucht, die mit uns in der Gegenwart lebt, unsere Bedürfnisse erkennt und Anteil an unseren Gefühlen nimmt.

Es geht mir nicht darum, die Eltern anzuklagen, ich will nur eine Erklärung dafür finden, warum wir dem Strom der Zeit nicht folgen konnten. Und ich denke, dass meine Eltern sehr traumatisiert waren und sich deshalb nur mit sich selbst beschäftigten.

Wir Mädchen litten unter diesem Mangel an Aufmerksamkeit. So ähnlich, wie unser landwirtschaftlicher Betrieb stillstand, ohne Aufschwung und Erneuerung, so standen auch wir Schwestern still.

Wir drei brauchten deshalb lange, ehe wir uns weit genug entwickelt hatten, um unsere wahren Bedürfnisse zu erkennen. Dieser Mangel, Gefühle wahrzunehmen und richtig zuzuordnen, führte zu vielen Komplikationen und richtigen Tragödien, besonders bei meiner jüngsten Schwester Barbara und mir.

Uns fehlte das Selbstwertgefühl, die Selbstliebe und vor allem ich konnte nicht »Nein« sagen. Das gehört zu den wichtigsten Fehlern, vor allem bei den Frauen meiner Generation und hat für viel Leid gesorgt.

Unser Leben war geprägt von Geboten und Verboten, von Prüderie, Tabus und überholten Moralvorstellungen. Sogar wenn es darum ging, dass Stier und Kuh sich paaren, wurden wir ins Haus geschickt. Dabei arbeiteten wir schon im Stall, waren keine Kinder mehr. Aber diese natürlichen Prozesse wurden vor uns verheimlicht, Papa war da sogar noch strenger als meine Mutter.

Mein Vater hatte ja ursprünglich den Beruf des Metzgers gelernt, arbeitete aber als Landwirt. Von

Zeit zu Zeit wurde ein Schwein geschlachtet, nicht nur für uns selbst, auch für andere Familien übernahm er diese Arbeit und machte auch Wurst.

Für uns Mädchen war es immer ein Gräuel, das vor Angst quiekende Schwein, der Schuss in den Nacken und dann das Abbrennen der Borsten. Vorher wurde ein Schnitt am Hals gesetzt, um das Blut abzulassen. Ich lief immer weg, damit ich nicht den Eimer halten musste, mit dem man das Blut auffing. Es musste nämlich mit einem Schneebesen geschlagen werden, während es abkühlte, damit sich beim Gerinnen keine Klumpen bildeten. Mir war das Schlachten verhasst, egal um welches Tier es ging.

Ich hasste auch unser Haus, die primitive Einrichtung, das Wohnzimmer, das immer nach Stall roch und das ganze Elend und den Schmutz und den Gestank.

Wie extrem dieser sein konnte, zeigt eine Anekdote die ich *Meine Mutter und die Schweine* genannt habe: Da ich putzte, bügelte und die Wäsche machte, war meine Mutter etwas entlastet. Sie kochte für die Familie und versorgte mit Liebe den Gemüsegarten. Um finanziell besser über die Runden zu kommen, züchten wir nebenbei noch Schweine.

Natürlich muss das Schwein dazu erst trächtig werden. In diesem Zustand können Sauen sehr empfindlich sein, deshalb muss man sie im Auge behalten. Dann stand meine Mutter sogar nachts auf, um nach ihnen zu sehen. War die trächtige Sau geduldig mit den Ferkeln, konnte sie die Situation relativ leicht meistern. Aber viele Sauen beißen die neugeborenen Schweinchen und lehnen sie völlig ab. Passierte so etwas in der Nacht, musste meine Mutter stundenlang aufbleiben und aufpassen.

Ich beschreibe diese Ferkelprozedur so ausführlich, um zu erklären, was dann passierte. Einmal war sie so verzweifelt und übermüdet, dass Mama die Schweinchen in einem Korb mit ins Schlafzimmer nahm und sie dort unter die Bettdecke, das Plümo, wie man hier sagt, packte, damit sie es schön warm hatten. Und sie hatte auch endlich Ruhe, weil die Sau ihre Kleinen nicht mehr beißen konnte. Als sie mir diese Geschichte erzählte, war ich ganz entsetzt: »Aber Mama, die Schweine im Bett!« Man kann sich so etwas heute gar nicht mehr vorstellen.

Zehn Jahre später begann der Trend zur Schweinemast im großen Stil. Ein landwirtschaftlicher Berater besuchte meine Eltern und wollte sie davon überzeugen, indem er ihnen großen Verdienst und wenig Arbeit versprach. Meine Eltern ließen sich von der Idee begeistern und hofften so endlich zu Geld zu kommen. Das war allerdings ein Fehlschluss. Durch die einseitigen mechanischen Fütterungsmethoden, die Schweine bekamen alle vier Stunden Futtermehl, das durch einen Schacht zu Boden fiel, begannen die Tiere zu kränkeln. Zum Beispiel bissen sie sich aus Mangel an ausgewogener Ernährung und aus Mangel an Bewegung die Schwänze ab.

Jede Woche war Großreinemachen angesagt, was meiner Schwester Toni und mir zugeteilt wurde. Der Stall hatte zehn Boxen mit jeweils acht bis zehn Schweinen; jede Box mussten wir mit Bürsten und Wasserschlauch reinigen. Währenddessen wurden die Tiere auf die Wiese gelassen, zu deren großer Freude. Nach zwei bis drei Stunden waren wir mit der Prozedur fertig aber dafür stanken wir so bestialisch, dass wir uns auch mit wiederholtem Waschen nicht von dem Geruch befreien konnten. Ohne Badezimmer, Dusche, ohne Fön für die Haare, war das mit Waschen in einer primitiven Waschschüssel praktisch gar nicht möglich.

Die Armut hat unsere Entwicklung verhindert. Nicht nur bei uns, auch in vielen anderen Familien, fehlte es an Lesestoff oder kreativem Spielzeug. Als Kleinkind vertrieb ich mir die Zeit damit, Dinge aus Mutters Küche, Messer, Gabeln und anderes in Zeitungspapier einzuwickeln, so erzählt meine Schwester. Meine Mutter klagte zwar darüber, doch ich hatte keine andere Beschäftigung.

Ich lief auch öfters von zu Hause weg, pflückte Blumen und wäre einmal beinahe in den Bach gefallen. So brachte man mich schon mit vier Jahren in die Schule. Der Lehrer war zwar einverstanden, konnte sich aber nicht mit mir beschäftigen. Also saß ich mit Tafel und Griffel da und langweilte mich.

Psychologen sagen, dass sich das kindliche Gehirn nicht entwickeln kann, wenn ihm die Anreize fehlen. Das traf auf mich und meine Schwestern zu.

Der Krieg hinterlässt schweigende Väter

Ich sehe heute viele Bücher, die von Leuten meines Alters geschrieben werden, der 68er Generation. Meist betrachten sich diese, wie auch meine Geschwister, als die vernachlässigte Nachkriegsgeneration. Das Besondere an dieser Zeit ist die Aufbruch- und Wiederaufbaustimmung, die allerdings bei uns auf dem Lande nicht so gegenwärtig gewesen war. Es fehlte außerdem an Männern, weshalb die Frauen die ganze Last schultern mussten.

Die Männer, die aus dem Krieg zurückgekommen waren, waren sprachlos geworden, die *schweigenden Väter* nennt sie ein Buchtitel. Sie hatten im Krieg so viel Schreckliches erlebt, dass sie den Blick für die Alltäglichkeiten und Bedürfnisse in der Familie verloren hatten.

Auch mein Vater, Reinhold Bergmann, gehörte zu diesen schweigenden Männern. Meine Erinnerung an ihn ist sehr gemischt. Auf Fotos sehe ich, dass immer ich auf seinem Schoß sitze. Später, als wir größer wurden, entglitt er uns zusehends. Er war anwesend, aber nicht bei uns.

Als Kinder war uns sein Schweigen weniger bewusst, er war uns immer ein liebender Vater. Später als Erwachsene fragten wir uns: »war Vater traumatisiert?« Er hat uns wenig von seinen Kriegserlebnissen erzählt. Als Koch hatte er in Russland eine Soldatenküche geleitet. Von dort brachte er ein Foto mit, auf dem wir sahen, wie er Kindern heimlich etwas übriggebliebenes Essen zusteckte. Außerdem erzählte er, dass er mit einem Freund zusammen im Panzer durch Sibirien fahren musste, ohne Heizung. Deshalb froren die Fenster innen zu und mussten ständig freigekratzt werden.

Einen charmanten, gutgelaunten Vater erlebten wir nur, wenn er eine Fahrt in seine alte Heimat plante. Wochen vorher ging er beschwingt an seine Arbeit. Dann war er voller Elan und lachte mit uns. Manchmal durfte ich mit, ein Auto hatten wir nicht, sondern wir fuhren mit dem Bus.

In manchen Familien mag es anders gewesen sein, unsere wurde vom Schweigen meines Vater geprägt.

Denn im Gegensatz zu ihm, sprach meine Mutter sehr viel. Scheinbar war die Stille, die ohne ihr eigenes Reden entstanden wäre, für sie nicht auszuhalten. Ich denke heute, dass sie dem Schweigen die Peinlichkeit nehmen wollte. Sie erzählte ständig Geschichten von früher; die Gegenwart war für sie wohl kaum zu ertragen.

Diese Disharmonie meiner Eltern spürten auch wir Kinder, und ich fühlte mich selbst dadurch bedrückt und sprachlos.

Dabei war die erste Begegnung meiner Eltern noch sehr berührend. Mein Vater verliebte sich nämlich in ein Foto meiner Mutter.

Es war Krieg, auch mein Vater wurde eingezogen. Bevor er nach Russland kam, war seine Einheit auf deutscher Seite damit beschäftigt, Bunker und den Westwall zu bauen.

Dort lernte er Ludwig Peters aus Daleiden kennen, sie wurden Freunde. Beide tauschten Erinnerungen aus und zeigten sich Bilder aus ihrer Heimat.

Als mein Vater die Fotos seines Freundes sah, fragte er interessiert nach »wer ist denn das hübsche Mädchen da?« »Das ist Marianne Margraf, genannt Mari«, erwiderte Ludwig. Er erkannte schnell das Interesse meines Vater und sie schrieben meiner Mutter einen Brief. Dieser wurde auch beantwortet mit der Bitte, ihr ein Foto von meinem Vater zu schikken.

Daraus entwickelte sich eine Brieffreundschaft, die etwa ein Jahr dauerte, bis es zum ersten persönlichen Kontakt kam. Dieses Treffen fand ohne das Wissen ihrer Mutter statt, denn diese lehnte alles ab, was sie für nicht standesgemäß hielt.

Also ging es heimlich vonstatten, sogar die Briefe meines Vaters wurde vorsichtshalber an Nachbarn und Verwandte geschickt.

Glücklicherweise wohnte Mamas beste Freundin Lieschen im Bahnhofscafe in Schloßheck. Das Gebäude steht noch heute, da, wo jetzt ein Rad- und Wanderweg angelegt worden ist. Immer wenn ich das Haus sehe, denke ich: »hier haben sich meine Eltern zum ersten Mal getroffen«.

Nach den ersten Kontakten erhielt mein Vater Fronturlaub und bat meine Mutter in einem Telegramm um die Erlaubnis, den Urlaub bei ihr verbringen zu dürfen. Jetzt musste meine Großmutter aber erst einmal eingeweiht werden.

Meine Mutter musste damit herausrücken, dass sie schon seit einiger Zeit brieflichen Kontakt zu einem Mann hatte. Oma Gerti war nicht begeistert, noch weniger als sie erfuhr, dass dieser nur ein einfacher Metzger von Beruf war, nicht standesgemäß für ihre

Tochter. Sie hat sich aber wohl beruhigt, denn später fand meine Mutter immer wieder Gelegenheiten, meinen Vater zu treffen.

Als ihr Bruder Stefan Margraf Sonderurlaub erhielt, er hatte sich die Füße erfroren, traf meine Mutter eine Entscheidung. Sie nutzte die Gelegenheit und schickte ein Telegramm an die Front. Mein Vater erhielt darin die Nachricht: »Komm' Heiraten«. Plötzlich hatte es meine Mutter eilig, sie war schon 30 Jahre alt und bisher hatte kein Mann Gnade vor ihren Augen gefunden.

Mama richtete eine bescheidene Hochzeit aus, wie das in Kriegszeiten üblich war. Es hat mich immer gewundert, dass sie trotz aller Widrigkeiten auf den Fotos ein schönes weißes Brautkleid trägt. Nach drei Tagen musste Reinhold zurück an die Front, diesmal für ein ganzes Jahr.

Nach neun Monaten kam im Januar 1944 Antonia in der Klinik in Schloßheck zur Welt. In dieser kritischen Zeit war es für meine Mutter nicht leicht, sich um ein Baby zu kümmern. Bei Fliegeralarm verkroch sich die ganze Familie zusammen mit den drei russischen Mädchen, die als Arbeiterinnen auf dem Hof waren, im Keller. Meine Mutter legte Antonia, gut verpackt, auf die dort gelagerten Kartoffeln.

Später erzählte uns Mama viel über die »Russen-mädchen«, sie hat in dieser Zeit sogar etwas Russisch gelernt. Diese Mädchen wurden ihnen vom Staat zugeteilt, weil der Hoferbe im Krieg war. Sie wurden bei uns gut versorgt. Trotz Omas Standesdünkel und der ihr eigenen Strenge war sie gut zu den Mädchen wie auch zu ihrem anderen Personal.

Als wir heranwuchsen, erzählte Mama uns eine ganze Reihe dieser Kriegserlebnisse. Ich denke, sie war damals mit den Geschehnissen überfordert, war traumatisiert und wollte deshalb vieles aus ihrer Vergangenheit loswerden.

Solche Geschichten trugen kaum zu unserer eigenen Entwicklung bei, wir bekamen nur Wissen über die Kriegszeiten. Wichtig wären Gespräche über uns selbst gewesen: Was wollen wir? Was interessiert uns? Wahrscheinlich wurde in anderen Familien auch nicht mehr auf die Kinder eingegangen. Doch bei uns fehlten auch Eindrücke von außen, die wir aus Büchern oder dem Fernsehen hätten bekommen können; so blieben wir uns selbst verborgen.

Als Papa nun nach einem Jahr wieder auf Urlaub kam, war der Krieg fast zu Ende. Später erzählte Mama uns: »Ich war ganz erstaunt als euer Vater sein Töchterchen nur zögernd auf den Arm nahm, vielleicht war er überfordert von der neuen Situation und der Anwesenheit seiner Tochter.« Ich kann ihre Enttäuschung verstehen, sie fragte sich: »Warum freut sich Reinhold nicht über unser Kind?« Obwohl sie ihn vorbereitet und in einem Briefumschlag Antonias erste Härchen an die Front geschickt hatte.

Nach diesem Kurzurlaub verlangte meine Mutter, dass mein Vater sich im Heu verstecken sollte, statt wieder an die Front zu gehen. Es war damals in den Dörfern, vor allem bei den Landwirten, die einen Heuschober hatten, durchaus üblich, dass sich Soldaten im Heu versteckten. Mamas Onkel, der neben uns wohnte, versuchte es auch, wurde aber von der Gestapo aufgestöbert. Verraten hatte ihn ironischerweise ein Pastor, der dann im Gottesdienst wieder von Nächstenliebe predigte. Er reichte gerade im richtigen Moment drei Nonnen, die Zuflucht bei Mutters Tante gesucht hatten, die Kommunion, um gleichzeitig seinen Nachbarn zu denunzieren. Er wurde ebenfalls festgenommen.

Von diesem Vorkommnis ließ sich Mama nicht abschrecken. Sie richtete in Großmutters riesiger Scheune ein Versteck her. Von dort aus war ein Eingang zu einem Zimmer im Wohnhaus durchgebrochen, von dem niemand wusste.

Trotz aller Vorsicht waren eines Tages jede Menge Soldaten auf dem Hof. Sie durchsuchten mit spitzen Stöcken das Heu, fanden Papa aber nicht. Die Scheune war schon allein wegen ihrer Größe undurchdringlich.

Nach dem Abmarsch der Soldaten kam Papa zitternd aus seinem Versteck gekrochen und sagte zu Mama: »Lieber lass ich mich erschießen als nochmal soviel Angst durchzumachen.« Drei Wochen später war der Krieg vorbei.

Der Krieg war zwar zu Ende, doch nun begannen die Grabenkämpfe zu Hause. Mit Missachtung, Kränkungen und Mangel an Akzeptanz behandelte meine Oma den unerwünschten Schwiegersohn. Unerwünscht aber letztlich geduldet war er, so lange er an der Front war. Doch nun hatte sich die Situation geändert. Vater lebte, aber ihr geliebter Sohn und Hoferbe wurde für vermisst erklärt. Deshalb hasste Oma meinen Vater erst recht.

Es blieb meinen Eltern keine andere Wahl als auszuziehen. Sie hatten kaum Geld und zogen in eine Zweizimmerwohnung in einem kleinen Häuschen am Berg. Dort wohnte schon ein Ehepaar mit Kind.

Klüger wäre es aus Sicht meiner Eltern gewesen, ganz wegzugehen. Uns hat immer erstaunt, dass sie im Dorf geblieben sind: »Warum hat Papa nicht wieder als Metzger gearbeitet, statt sich ein Leben lang von Oma triezen zu lassen?« fragten wir Kinder. Ein eigener Laden hätte zwar viel Geld gekostet, aber

Mama hätte sich ja ihr Erbe auszahlen lassen können. Oma war letztlich bereit meinen Eltern eine Mitgift zu geben, mit der mein Vater sich ein Fuhrwerk und zwei Pferde kaufen konnte. Die Waldarbeit teilte er sich mit einem Nachbarn.

Hintergrund für diese Entscheidung ist aber vermutlich, dass meine Mutter, trotz aller Attacken, Oma viel zu ergeben war. Was mir die Leute im Dorf erzählten, macht das deutlich: »Deine Mutter konnte sich weder räumlich noch emotional von ihrer Mutter lösen.«

Drei Jahr später, 1947, kam ich zur Welt. Ich war vom ersten Augenblick an Papas Liebling. Überglücklich nahm er mich aus dem Bettchen, spazierte stolz mit mir hin und her und sagte: »das ist mein Sonnenschein«.

Diese Geschichte hat mir Tante Traut erzählt, als sie auf Besuch bei Mama war. Dieser Überschwang musste meine Mutter kränken, denn auf meine Schwester Antonia, die ihm allerdings auch nicht ähnlich sah, hatte Papa nicht so erfreut reagiert. Während bei meinem Vater und mir die Chemie stimmte, ich war und blieb sein Liebling. Vielleicht weil ich dem Aussehen nach eine kleine Bergmann war. Doch Papa behandelte uns Kinder alle gut, während Mama eindeutig ihre erste Tochter bevorzugte.

Erst viel später ist mir bewusst geworden, dass Mutters Erzählungen uns, von ihr sicher ungewollt, manipulierten. Dieser Einfluss ist vergleichbar mit dem Fernsehen; es formt Kinder und Erwachsene.

Meine Mutter verherrlichte ganz offensichtlich die Zeit vor dem Zweiten Weltkrieg, vor allem wegen Omas goldener Zeiten, damals herrschte kein Mangel. Deshalb unterschied sich ihre Sozialisation in allen Bereichen positiv von der unsrigen.

Ein Beispiel dafür ist ihr Aufenthalt in Deutschland: Zur Verwandtschaft gehörte auch eine Familie aus Düsseldorf. Mutters Erzählungen habe ich entnommen, dass diese offenbar besser gestellt war. Sie überredeten Oma, ihre Tochter eine Woche Ferien bei ihnen verbringen zu lassen. Dort durfte meine Mutter Veranstaltungen besuchen, ging ins Theater und die Oper. Für diese Anlässe bekam sie auch die passenden Kleider, von denen sie uns vorschwärmte.

Ganz offensichtlich machte meiner Mutter der wirtschaftliche Niedergang unserer Familie sehr zu schaffen. Eine Parallele dazu findet sich auch in meiner Vergangenheit, wo mit der unglücklichen Ehe die Not erst richtig anfing.

In der Aufarbeitung meiner Gefühle und Gedanken werde ich oft traurig und melancholisch. So eine Entwicklungsarbeit dauert seine Zeit, ich habe ein halbes Leben gebraucht, um mich zu finden. Wenn ich meine frei, aber mit konsequenten Grenzen erzogenen Enkel beobachte, bemerke ich, dass sie schon mit zehn bis zwölf Jahren ein ausgeprägtes Gefühl für ihre Bedürfnisse haben und eigenständige Persönlichkeiten sind.

Als ich meinen Kindern von meiner Trauer über die knappe Zeit, die ich in der Vergangenheit für sie hatte, erzählte, trösteten sie mich mit den Worten: »Aber Mama, wir hatten viel Spaß miteinander und waren zufrieden.«

Nur eine Generation genügt, um die halbe Welt zu verändern. Was früher 50 Jahre Entwicklung brauchte, ist jetzt in ein paar Jahren passiert.

Erste Begegnung mit dem Verliebtsein

Mit 15 begann ich, mich für Jungs zu interessieren. Doch Kontakte gab es praktisch keine. Der Kirchgang war bei uns eine heilige Pflicht. So diente mir der Oktoberrosenkranz wenigstens dazu, beim Verlassen der Kirche ein paar Jungs, in einen hatte ich mich verknallt, aus der Ferne zu beobachten.

Dann gab es einen Lichtblick, wir durften in die Tanzschule gehen. Toni besuchte ja schon Tanzveranstaltungen und da Mama sehr auf Etikette bedacht war, sollten ihre Mädchen sich natürlich nicht blamieren. Für uns war es eine besondere Freude im täglichen Einerlei.

Ein paar Jungs aus den angrenzenden Dörfern, sie hatten schon ein Auto, nahmen uns in die nächste Stadt mit und brachten uns wieder zurück. Und als der Kurs zu Ende war, täuschten wir vor, noch an weiteren Kursen teilzunehmen, weil wir so viel Spaß hatten. Vor allem Toni, sie war viel lockerer als ich, denn ich war total verklemmt, weil ich so pummelig war. Ich trug die Kleider, die meine Schwester mir nähte, eine Jeans war für mich undenkbar. Und ich war immer ganz traurig und niedergeschlagen, angesichts der hübschen schlanken Mädchen um mich herum.

Meine Schwester Toni dachte sich noch einen weiteren amüsanten Zeitvertreib für die sommerlichen Sonntagnachmittage aus. Sie hatte eine Freundin, die in einem fünf Kilometer entfernten Dörfchen wohnte. »Wir machen eine Fahrradtour«, erzählten wir den Eltern. Wir verrieten nicht, dass dort auch Jungs in unserem Alter waren. Die Mutter der Freundin betrieb nämlich eine Flaschenbierausgabe, eine Mischung aus Gaststätte und Kiosk, und dort trafen sich natürlich auch die jungen Männer des Ortes. Wir konnten in der guten Stube sitzen und uns unterhalten. Und dort passierte etwas völlig Unerwartetes: Ich verliebte mich in einen Jungen von ungefähr 18 Jahren. Zum ersten Mal in meinem Leben ließ ich Nähe zu, als er seinen Arm um mich legte. Ich verstehe bis heute nicht, warum sich alles in mir sträubte, wenn meine Mutter das tat. Nur von Papa hatte ich mich als Kleinkind auf den Arm nehmen lassen. Sollte ich mit einer meiner Schwestern in einem Bett schlafen, begann ich zu schreien, so lange, bis ich wieder alleine im Bettchen lag. Mit diesem Jungen war alles anders, ich ließ mir die Umarmung nicht nur gefallen, ich genoss sie.

Schließlich musste Toni heim, um Vater beim Melken zu helfen. »Bleib du hier«, sagte sie, »ich komme in zwei Stunden wieder zurück.« Noch heute lachen wir über diese witzige Situation, denn als sie zurückkam und zur Tür eintrat, saßen der Junge und ich noch immer Arm in Arm. »Sitzt ihr immer noch so da?«, rief sie erstaunt aus.

Später am Tag machte Toni sich einen Spaß daraus uns beide zu malen, das Bild ist sehr gelungen. Ich ergötzte mich daran, musste es aber vor meinen Eltern verstecken, und konnte es nur hin und wieder mit Wehmut anschauen.

Aus diesem Nachmittag mit dem jungen Mann entwickelte sich nichts. Manchmal begegnete ich ihm auf seinem Motorrad, aber wenn er mich bat, aufzusteigen, lehnte ich ab. Ich hatte immer Angst, ich sei zu schwer für ein Motorrad.

Kapitel 2
Die Ehe, das unbekannte Land

Meine Schwester Toni war schon in jungen Jahren sehr talentiert. Heute ist sie eine gefragte Künstlerin, sie fertigt Skulpturen aus Stein oder Ton und malt. Ihr Werdegang wurde von einem eigentlich traurigen Ereignis bestimmt, das kurz nach meiner Hochzeit 1967 stattfand, die Trennung von ihrem damaligen Verlobten.

Ursprünglich hatten wir eine Doppelhochzeit geplant, doch ich wollte das dann doch nicht, weil ich einmal im Mittelpunkt stehen wollte, und nicht im Schatten meiner Schwester. Letztlich war das Tonis Glück, denn bei meiner Hochzeit offenbarte ihr Verlobter sein wahres Gesicht. Er war eigentlich schon ein Mann, der etwas darstellte, und er sah so gut aus, dass ich manchmal neidisch wurde. Aber bei meiner Hochzeit benahm er sich furchtbar daneben und war den ganzen Tag über betrunken. Davor ekelte sich meine Schwester so sehr, dass sie am folgenden Tag die Verlobung auflöste.

Für Tonis Werdegang war das die richtige Entscheidung. Denn sie stellte schnell fest, dass sie nicht als Tantchen zu Hause sitzen wollte und deshalb machte sie sich Gedanken über ihre Zukunft: »Als älteres Fräulein, das übrig geblieben ist, bleibe ich nicht hier«, sagte sie. Also begann sie mit 24 Jahren wieder die Schulbank zu drücken und besuchte die *Académie Royale des Beaux-Arts* in Liège.

Schon vor meiner Heirat war Toni sehr beliebt bei den jungen Männern und sie wechselte öfters die Partner. Sie war ein sehr hübsches Mädchen, schlank, groß und mit blonden Haaren. Ihr Aussehen war auch der Grund für die vielen Angebote vom anderen Geschlecht. Sie brachte immer wieder Männer zu Besuch mit, auch nachdem wir schon kleine Kinder hatten. Für diese war das manchmal lohnend, denn Tonis Verehrer schenkten den Kindern öfters etwas zum Spielen. Meine Älteste, Sabine, bekam so drei Puppen. Eine war schwarz und sie nannte sie Franz, nach dem großzügigen Geber.

Allerdings waren alle diese Männer aus der Stadt, weil Toni sie von der Kunsthochschule kannte, deshalb waren sie für die Arbeit auf dem Hof keine große Hilfe. Nur Ferdinand arbeitete mit.

Tonis letzter Freund, Salvatore, den sie auch an der Akademie kennen gelernt hatte, war wie alle Italiener sehr kinderlieb. Er war besonders großzügig und brachte jedes Wochenende eine Kleinigkeit für die Kinder mit. Ihn hat Toni schließlich auch geheiratet.

Die ersten Ehejahre im Elternhaus

Das erste Jahr meiner Ehe mit Ferdinand war noch die beste Zeit, vor allem, weil wir noch keine Kinder hatten. Ich hatte mir über Kinder gar keine Gedanken gemacht, für meine Mutter waren sie eine Pflicht. Einen Rat wie: »Versucht erstmal den Betrieb zu modernisieren, damit ihr dann auch Zeit für Kinder habt«, habe ich von ihr nicht gehört. Sie hätte mir auch empfehlen können, es langsam anzugehen, und mit Kindern noch zu warten, ich war ja erst 20 Jahre alt. Stattdessen fragte sie mich jeden Morgen: »na, noch immer nichts?«

Von meinen Eltern bekam ich während der Schwangerschaft und nach der Geburt allerdings auch den meisten Zuspruch und die Kleine ihre Zuwendung. Oma, die über uns wohnte, reagierte für meine Begriffe merkwürdig auf die Ankunft von Sabine. Sie war keine Frau großer Gefühle und sagte lediglich: »Wenn die dritte Generation kommt, muss die erste weichen«.

Das Drama zwischen den Generationen wiederholte sich nun. Das Familienmodell auf dem Land wird von einer jüngeren und einer älteren Generation beherrscht. Zu meiner Zeit hat fast immer die junge Frau eingeheiratet, seltener der junge Mann, der meist den elterlichen Betrieb übernahm. Als Eingeheiratete hatte man einen schweren Stand. Üblicherweise hatte sich die alte Frau, nun die Schwiegermutter, ihren Platz in der Familie lange erkämpfen müssen und machte es der jungen Frau nicht leicht. Sie hatte die angestammte Aufgabe, sich um den Haushalt und den Nachwuchs zu kümmern, während die junge Frau in der körperlich anstrengenderen Landwirtschaft mithalf.

Inzwischen wird aber viel körperliche Arbeit durch Maschinen erledigt und das Modell hat sich verändert. Junge Frauen haben nun auch Zeit für ihre Kinder, kommen dabei aber dem angestammten Arbeitsbereich der alten Frauen in die Quere. Da sie nur in den seltensten Fällen gut zusammen arbeiten können, leiden die jungen Frauen damals wie heute unter der Dominanz ihrer Schwiegermütter.

Vielleicht wählte ich deshalb das Thema: *Generationskonflikt in der Familie durch gesellschaftlichen Wandel,* als ich den VHS-Kurs besuchte. Meine jetzigen Schilderungen gehen mehr in Richtung »Betroffenheit der Nachkriegsgeneration«, zu der ich und meine Schwestern Antonia und Barbara ja gehören.

Leider war die 68er Bewegung der Jugendlichen damals nicht bis in unser abgelegenes Dorf vorgedrungen. Meiner Schwester und mir hätte etwas Protest und Auseinandersetzung sicher gut getan und es hätte unsere geistige Entwicklung gefördert.

Da uns das gefehlt hat, sind wir braven Töchter von einer Krise in die nächste gestolpert.

Ein Kind bekommt ein Kind

Drei Tage nach meinem 20. Geburtstag erwachte ich früh morgens mit heftigen Bauchschmerzen. Als ich diese meiner Mutter klagte, erwiderte sie erstaunt: »ist es denn schon so weit?« Ich verstand gar nicht, was sie meinte. »So weit sein«, das war ein Fremdwort für mich.

Sieht man heute 13- und 14-jährige Teenie-Mütter im Fernsehen, sind diese zwar Kinder, aber sie haben doch eine Vorstellung davon, was mit ihrem Körper passiert. Für mich, praktisch erwachsen, war das alles fremd, ebenso wie alles andere, was mit einer Geburt zusammenhängt. »Wenn die Männer mit der Stallarbeit fertig sind, kann Ferdinand dich ins Krankenhaus fahren«, die Prioritäten meiner Mutter waren klar.

Ich wusste schon seit Monaten, dass ich schwanger war, von der Stallarbeit war ich seit drei Wochen befreit. Aber ich hatte keine Ahnung vom Verlauf einer Geburt, kannte die möglichen Komplikationen nicht, und wusste überhaupt nicht wie ich mich verhalten sollte; alles unbekanntes Terrain.

Auf dem Weg zu unserem Auto, machte meine Mutter dann noch eine sehr liebevolle Bemerkung: »ich wünschte, ich könnte an deiner Stelle gehen und dir diesen Weg ersparen.« Verständnislos hörte ich ihr zu, begriff den Sinn ihrer Worte noch gar nicht.

Im Krankenhaus angekommen, meldeten wir uns am Empfang. Dann kam die Hebamme, begrüßte uns und fragte erstaunt: »was willst du denn hier?« Ich war nicht nur wie ein Kind, ich sah auch so aus. Die Schwangerschaft sah man mir sowieso nicht an. Dennoch begann die Hebamme den üblichen Ablauf für die Geburt einzuleiten. Die Stunden zogen sich unendlich lange dahin. Ferdinand unterhielt sich derweilen angeregt mit dem Krankenhauspersonal. Dass ich seine Hand gebraucht hätte, ein bisschen Trost, Fürsorge oder Mitgefühl nötig gewesen wären, merkte er gar nicht. Später wurde ich von den Schmerzen ohnmächtig und endlich bemühte man sich um einen Arzt. Der gab mir Medikamente, um die Geburt einzuleiten. Als unser kleines Mädchen nach 15 Stunden endlich das Licht der Welt erblickte, war ich innerlich fast gestorben. Erst nachdem das Baby und ich eine ganze Nacht durchgeschlafen hatten, begriff ich, was geschehen war, ich war Mutter geworden. Und diesen Zustand fand ich sehr beglückend.

Am Abend besuchten mich Ferdinand und meine Eltern. Ihnen sah man die Freude über ihren ersten Enkel wirklich an. Ferdinand zeigte keine Regung.

Nach sieben Tagen durften wir nach Hause. Stolz stieg ich mit dem Baby auf dem Arm ins Auto froh und glücklich heim zu kommen. Dieses Hochgefühl wollte ich Ferdinand mitteilen, aber die Worte erstarben mir auf den Lippen. Ernst und schweigsam war sein Gesichtsausdruck. Ich hatte das Gefühl, Ferdinand ist mir böse und will unser Kind gar nicht. Beschämt und traurig zog ich mich in eine Ecke des Autositzes zurück und wagte kein Gespräch mehr anzufangen.

Diese Unterwerfung war der Beginn meines Leidensweges. Ich wagte keinen Widerstand, um ihn nicht noch mehr zu verärgern. Ich war in eine Falle getappt, ich resignierte ohne zu kämpfen. Das Kind hat keinen Widerstand und Widerspruch gelernt; das Kind ist lieb und folgsam.

Nach diesem missglückten Start ins Familienleben, wurde unsere Beziehung immer schwieriger. Doch ich war glücklich als Mutter und meine Eltern waren mir eine wichtige Hilfe.

Heute würde man unser Haus ein Mehrgenerationenhaus nennen, damals war es auf dem Lande, und vor allem bei uns in Ostbelgien, üblich, dass Eltern,

Kinder und Enkel unter einem Dach wohnten. Doch es war ein spannungsgeladenes Klima. Für mich gehörten die, über die Jahre aufgestauten Konflikte zwischen meinen Eltern, zwischen Oma Gerti (sie wohnte auf der ersten Etage) und meiner Mutter und auch meinem Vater, zum Alltag.

Vier Generationen unter einem Dach

Meine Beziehung zu Ferdinand änderte sich durch unser erstes Kind radikal. Da es meiner Mutter sehr wichtig war, den Männern einen ungestörten Feierabend zu ermöglichen, riet sie mir, ich solle mein »Abendritual« mit dem Kind lieber im Schlafzimmer verrichten. Damals wurden die Babys jeden Tag gebadet. Dazu musste ich einen kleinen Holzofen aufstellen, Wasser erhitzen, die Kleine baden und sie dann zum Schlafen fertig machen. Ich kam mir völlig isoliert vor. Mama versorgte die Männer mit Abendessen, etwas Süßem, geschälten Äpfeln und einem Gläschen Wein. Danach spielten sie in Ruhe Skat. Ich weiß, dass Mama es gut meinte, aber in dieser Zeit begann die Entfremdung.

Ferdinand liebte meine Mutter, mit der es nie Diskussionen gab. Mama hatte sich immer einen Sohn gewünscht und deshalb verwöhnte sie ihn besonders. Mein Vater war allerdings nicht so gut auf ihn zu sprechen. Besonders übel nahm ich Ferdinand, dass auch er schlecht über meinen Vater sprach: »Der faule Sack, kommt mit der Arbeit nicht voran und macht nichts ordentlich.« Ich liebte Papa über alles, und wahrscheinlich war Ferdinand einfach eifersüchtig.

Deshalb versuchte ich auszugleichen. Klar, dass mein Vater bei Ferdinands Kraft und Arbeitseifer nicht mithalten konnte. Die Unzufriedenheit meines Mannes führte dazu, dass ich mich bei der Arbeit besonders einsetzte, um meinen Vater vor dessen Grobheiten zu schützen. Erst später merkte ich, dass mich dieser Psychoterror immer mehr überforderte. Meine Seele litt, ohne dass ich dieses Gefühl einordnen konnte oder zu analysieren wusste.

Ein so inniges Verhältnis, wie ich zu meinem Vater hatte, war Ferdinand völlig fremd. In seinem Elternhaus hatte ein ganz anderer Wind geweht als bei uns. Vor allem ein ganz anderer Erziehungsstil. Der Ton war rau. Sein Vater war sehr streng, saß mit der Rute am Tisch.

Ferdinand hatte als Zweitältester schon früh die unterschiedlichsten Pflichten im Haus übernommen. Seine Mutter musste mit aufs Feld und im Stall arbeiten. Vater und Mutter machten alles gemeinsam. Denn wenn die Arbeit auf dem Hof getan war, half Johann seiner Frau bei der Hausarbeit, er backte sogar Brot.

Und wer versorgte die Kinder? Das machte Ferdinand, er hütete seine kleinen Geschwister mit strenger Hand. Den Kleinsten, der im Kinderwagen lag, schoben die Größeren durch Feld und Wald.

Ferdinands Eltern führten aus meiner damaligen Sicht eine gute Ehe. Vater Johann gab die Richtung vor und Ehefrau Finchen vergötterte ihn, trotz ihrer sieben Kinder, war sie immer an seiner Seite. Wenn ich sonntags manchmal zu Besuch bei ihnen war, bemerkte ich erstaunt, dass sie Hand in Hand vom Spaziergang zurückkamen. Ein ungewöhnlicher Anblick für die damalige Zeit, vor allem auf dem Land. Im Umgang mit seinen Kindern war es allerdings bei Johann mit den Gefühlen nicht weit her.

Ab einem Alter von 14 Jahren nahm er alle seine Kinder mit zur Arbeit in den Wald und auf das Feld. Später hatten sie verkrümmte Füße, weil sie das Holz an sehr steilen Hängen bearbeiten mussten, und ohne Maschinen, mit Handsäge und Handschälern. Trotz der rauen Sitten herrschte unter den Kindern ein kameradschaftlicher und witziger Ton.

Johann hatte nur ein Ziel, seinen Hof zu vergrößern und von seinen Erträgen mehr Land zu kaufen. So war seine Landwirtschaft moderner und fortschrittlicher als unsere. Allerdings geschah das auf Kosten der Kinder. Als die vier Brüder die Volksschule beendet hatten, wurde nicht nach Interessen oder Talenten gefragt, oder ob sie eine weiterführende Schule besuchen konnten. Alle mussten mitarbeiten. Einige versuchten andere Wege, arbeiteten auf dem Bau oder in der Fabrik.

Wer zu Hause lebte, bekam nur ein kleines Taschengeld, das am Wochenende verbraucht werden musste, das übrige Geld musste man sonst wieder abgeben. In dieser Zeit lernte ich Ferdinand kennen, er war der Fleißigste und Gewissenhafteste der Geschwister. Wahrscheinlich wegen der frühen Verantwortung für die Kleinen.

Von seinem knappen Taschengeld schaffte es Ferdinand einen Plattenspieler und Platten zu kaufen. Die Musik begeisterte meine Mutter mehr als mich, denn es waren meist melancholische Heimatlieder. Ich fand die damals moderne Musik besser. Aber für meine Mutter waren diese Sonntagnachmittag mit Ferdinand eine schöne Abwechslung.

Vor unserer Hochzeit hatte ich noch das Gefühl, von Ferdinand umworben zu werden. Kein Osterei schien als Geschenk für mich groß genug zu sein. Danach gab es keine Geschenke mehr. Ich glaube, vor lauter Arbeit und Stress, den er sich oft unnötig machte, vergass er Tage wie Ostern, Weihnachten oder meine Geburtstage völlig.

Ich versuchte immer, solche Feste zu gestalten, beendete meine Stallarbeit früher als gewohnt, um das Wohnzimmer etwas festlich herzurichten, die Kinder zu baden und mich aufzuhübschen, so gut es ging. Meine Eltern kamen dann auch zu uns. Wenn Ferdinand fertig war, ließ er sich gerne verwöhnen, genoß ein kleines Abendessen mit gutem Wein. Dann erholte sich seine Laune auch zusehends und er unterhielt sich angeregt mit meinen Eltern.

Meine Freude, sein Ärger –
das Leben mit den Kindern

Insgesamt wurde die Stimmung aber immer schlechter. Vor der Heirat hatte Ferdinand ja auch schon in der Erntezeit mitgeholfen. Damals war er nett und lustig. Nachdem er den Betrieb übernommen hatte, wurde er immer übellauniger. Aber rückblickend muss ich zugeben, dass Ferdinand es auch nicht leicht hatte. Er heiratete ja leider nicht in eine gut funktionierende Landwirtschaft ein, sondern in einen Bauernhof, der mit Schulden belastet und rückständig war. Zwar besaßen wir schon eine Melkmaschine, Zeugnis meiner reichen Großmutter, die vor dem Krieg einen großen Stall bauen ließ und ein

Silo und eine Dreschmaschine anschaffte. Aber danach blieb die Zeit stehen, bis meine Eltern 1957 den vernachlässigten Hof bekamen.

Mit 25 Jahren einen verschuldeten Bauernhof zu übernehmen, überforderte Ferdinand bestimmt. Er hatte bisher ja auch keine finanzielle Verantwortung tragen müssen. Daher kam es wohl, dass er mit allem Geld machen wollte. Zusätzlich zur Arbeit auf den Feldern, ging er tagsüber in den Wald, während mein Vater und ich den Stall machten. Manchmal fuhr er noch zusätzlich Brot aus oder übernahm andere Gelegenheitsarbeiten.

Wenn ich jetzt zurückschaue, denke ich öfters über verschiedene Begebenheiten nach, die meist dann passierten, wenn Ferdinand oder ich besonders gestresst waren. Lösungen, die die Situation verbessert hätten, fielen uns damals nicht im Traum ein. »Wir wussten es nicht besser.« Es kam uns gar nicht in denn Sinn, etwas anders zu machen. Daran zeigt sich wieder unser Mangel an Entwicklung. Erst der Tag des Feuers wird alles verändern.

In rascher Folge bekam ich nach Sabine unsere weiteren Kinder Michael, David und Manuel. Als Michael zwei Jahre alt war, wurde es meinen Eltern zu viel. Mein Vater hatte ein chronisches Herzleiden und auch Mama war oft krank. Sie war abgearbeitet und in Folge ihres mühsamen Lebens schon etwas gemütskrank. Deshalb zogen meine Eltern in das nebenliegende Schloss um, in den leerstehenden linken Flügel. Es war aber noch viel Arbeit von uns allen nötig, um die Wohnung, die schon lange leer gestanden hatte, etwas herzurichten. Meine Eltern stellten wenig Ansprüche, sie waren durch die schlechten Jahre bescheiden geworden, und wollten nur ihre Ruhe haben.

Für mich wurde der Alltag dadurch wieder schwieriger, denn die Unterstützung meiner Eltern fehlte nun. Vor allem wenn sie Besuch hatten, oder selbst unterwegs waren, wusste ich nicht wohin mit den Kleinen. Inzwischen waren es schon drei, denn ich hatte noch nichts von Verhütung gehört. David, der noch in der Wiege lag, konnte ich zu seiner Uroma bringen, die beiden anderen mussten wohl oder übel mit in den Stall. Wenn Ferdinand noch nicht aus dem Wald zurück war, ging es besser. Michael wollte die Kühe selbst füttern und stand mit einem Eimerchen vor ihnen, da musste ich höllisch aufpassen und es kostete viel Geduld. Deshalb fing ich schon früh mit der Stallarbeit an und Ferdinand brauchte nur noch zu melken.

War Ferdinand dabei, war es schlimmer. Er fing an zu schimpfen und alles zu verteufeln. Innerlich merkte er sicher auch, dass diese Zustände unmöglich und untragbar waren.

Heute verstehe ich unser Schweigen kaum noch. Unsere Missstände blieben ungeklärt, dabei hätte ein Gespräch, das Aussprechen unserer Unzufriedenheit, bestimmt ein befreiendes Entladen der aufgestauten Spannung gebracht. Doch jeder Versuch meinerseits scheiterte. Sobald Ferdinand einen Wutanfall bekam, zog ich mich zurück, ein schwerwiegender Fehler.

Damals nähten meine Mutter und ich aus unserer eigenen abgetragenen Kleidung, Jäckchen und Höschen für die Babys. Von einem Onkel aus Aachen bekamen wir gebrauchte Babysachen wie Bettchen oder Kinderwagen. Diese waren allerdings schon von vier Kinder benutzt worden und nicht mehr besonders schön.

Der Schmerz über die Armut, die wir erlebten, sitzt noch immer tief. Doch wen soll man dafür verantwortlich machen, wen anklagen, das Leben selbst, die Stagnation in unserer Entwicklung? Schon in der nächsten Generation ging es mit Riesenschritten voran, worüber ich mich immer sehr freue. Besonders an meinen Enkeln sehe ich, wie viel weiter und besser sie sich entwickeln können, im Vergleich zu mir und meinen Geschwistern. Das Materielle ist zwar nicht das Entscheidende, aber man sieht auch, wie viel Zuwendung und liebevolle Fürsorge Kinder heute von ihren Eltern bekommen.

Ich empfinde diese frühen Jahre im Nachhinein als Tragödie. Wir lebten ein ärmliches Leben, hatten kein Badezimmer, kein warmes Wasser und keine Heizung. Dass ich keine Waschmaschine hatte, muss ich wohl gar nicht erwähnen. Die Windeln habe ich auf dem Herd gekocht. Dazu musste erst der gröbste Schmutz rausgespült werden. Dann wurden die Windeln in einem riesigen Topf auf dem Herd gekocht und ausgespült. Die Anziehsachen der Kinder habe ich abends auf dem Waschbrett gerubbelt, damit sie sie am nächsten Tag wieder anziehen konnten, denn bei uns herrschte ein großer Mangel an Kleidung.

Unser Leben unterschied sich kaum von dem meiner Eltern, im Gegenteil. Durch meine Schwangerschaften war unsere Entwicklung eher rückläufig, als dass es vorwärts ging. Bei uns war durch den Krieg praktisch nichts zerstört worden, deshalb gab es auch keinen Wiederaufbau, wie in den Städten. Allerdings hemmte dieser Stillstand die eigene Entwicklung, man machte einfach weiter wie vorher.

An die ersten zehn Jahre meiner Ehe kann ich mich fast nicht mehr erinnern. Ich hatte einen Tunnelblick, nahm gar nicht war, was um mich herum passierte, weil mich der Alltag zu sehr beanspruchte.

Auch jetzt kann ich mich nur noch an das Schreckliche erinnern. Dabei gab es bestimmt auch schöne Momente, gerade mit den Kindern.

Der große Brand

Am Abend des 1. November 1974, Allerheiligen, passierte etwas Furchtbares und zugleich Wunderbares. Unser Stall samt Nebengebäuden, Scheunen und Schuppen brannte lichterloh. An diesem Abend brannte unser ganzer Betrieb ab. Das Wohnhaus wurde zum Glück weitestgehend verschont.

Ich war gerade dabei das Abendessen vorzubereiten, als die Nachbarskinder ans Küchenfenster klopften und riefen »es brennt, es brennt«. Jetzt hörten auch wir das Krachen und Knacken des Dachstuhls. Es war ein furchtbarer Lärm. Wir schickten die Kinder nach oben zur Oma, die sicher noch aufgeregter war als wir.

Mein erster Gedanke war: »Du musst die Tiere befreien.« Die Kühe brüllten und zerrten an ihren Ketten. Zum Glück kamen gleich die Nachbarn zu Hilfe und die Tiere wurden rausgetrieben, während die Flammen schon aus dem Heuloch schlugen. Mein Mann befreite noch das Jungtier und dann liefen alle Tiere durchs Dorf. Wie durch ein Wunder trat mir keine dieser panischen Kühe auf die Füße und auch mein Bauch wurde verschont. Darin war nämlich wieder ein Baby, ich war im sechsten Monat mit Manuel schwanger. Ich glaube hier war eine höhere Macht im Spiel, die das Baby und mich beschützt hat. Manuel kam im Februar 1975 gesund zur Welt.

Als ein bisschen Ruhe eingekehrt war und die Feuerwehr weg, war es schon spät und die Kinder mussten ins Bett. Eine Nachbarin bot mir zwei Zimmer zum Schlafen an, was ich gerne annahm. Die Kinder waren so brav. Wir legten uns hin und schliefen alle sofort ein. Die Oma konnte zu den Eltern übersiedeln.

Ich werde nie meinen ersten Gedanken am nächsten Morgen vergessen: Ich überlegte nicht, was ich jetzt tun sollte, sondern ich dachte: »jetzt brauche ich den Stall nicht mehr sauber zu machen und das Futter herzurichten.« Für mich war dieses schlimme Ereignis letztlich eine Erlösung. Alle anderen, die Familie und die Nachbarn waren bestimmt entsetzt über das Unglück. Aber für mich waren die vergangenen Jahre so quälend und dramatisch verlaufen, dass sich ein tiefer Friede in mir ausbreitete und Freude an dem Gedanken: »nun wird sicher alles noch gut.«

Nach dem Brand: Renovierung
des alten Hauses und Neubau

Nach dem Brand musste erst das alte Haus wieder bewohnbar gemacht werden, bevor wir mit dem Bau des neuen beginnen konnten. Es sollte nur 100 Meter entfernt entstehen. Für dieses Unterfangen wollte Ferdinand keine fremden Arbeiter einstellen, sondern beschloss, dass er und seine Brüder das Bauen übernahmen. Viktor und Franz waren zu dieser Zeit arbeitslos, hatten aber Ahnung vom Schreinern und Mauern. Für Ferdinand war diese Regelung praktisch, für mich aber nicht. Denn die Brüder mussten natürlich den ganzen Tag über verpflegt werden. Erste Mahlzeit war das zweite Frühstück um 10 Uhr, dann Mittagessen und um 18 Uhr das Abendessen. Meine Hoffnung, nach dem Brand etwas mehr Zeit zu haben, war dahin. Ich glaube Ferdinand konnte einfach nicht verstehen, dass er Unmögliches von mir verlangte. Der Kleinste war gerade mal drei Monate alt. Und diese ständige Kocherei und die Essensvorbereitungen verlangten meinen kompletten Einsatz. Jetzt fehlte mir die Zeit für die Größeren, die gerade mal drei, sechs und sieben Jahre alt waren. Ein Trost, ich war in der Küche und nicht im Stall, aber mit der Arbeit genauso überfordert. Ich bedauere weniger den Mangel an Komfort, sondern mehr die Tatsache, dass die Kinder ohne die nötige Aufmerksamkeit meinerseits aufwuchsen.

Und dieser Zustand dauerte von 1975 bis 77, bis auch das neue Haus fertig gebaut war. Ich hatte wieder meinen Tunnelblick. Nichts was im Dorf oder anderswo passierte, nahm ich mehr wahr. Nur Kochen und die kranke Oma versorgen.

Meine Eltern so nah dabei wohnen zu haben, war für mich ein Geschenk, denn sie konnten mir ein bisschen Zeit geben, wenn sie auf die Kinder aufpassten. Mama nahm mir gerne David ab, der noch seinen Mittagsschlaf brauchte. Wenn sie ihn mir zurückbrachte, erzählte sie immer ganz begeistert: »was ist das doch für ein liebes Kerlchen, so wonnig und mit einem Lächeln im Gesicht, lässt er sich ein Märchen erzählen, danach schließt er seine Äuglein und schläft friedlich ein.« Er war wirklich immun gegen den Lärm.

Auch mein Vater freute sich. Er hatte sich immer einen Sohn gewünscht und nun hatte er drei männliche Enkel. Als der älteste acht Jahre alt war, nahm mein Vater ihn mit in den Wald und aufs Feld. Er zeigte ihm die Ländereien und Wälder und, was sehr wichtig war, auch die Grenzen unseres Besitzes, die ja nur mit Steinen markiert waren; vielleicht hat er seinen frühen Tod schon vorausgeahnt. Seinen

Töchtern hatte er das alles nicht so genau erklärt wie Michael, der es noch haargenau weiß. Heute ist Michael über 40 und trägt nach alter Tradition die Verantwortung für die inzwischen nicht mehr bewirtschafteten Wälder und Felder.

Vor und auch nach dem Krieg war es in ländlichen Gegenden von Vorteil, die Mutter im Haus zu haben, das ist seit einer Generation nicht mehr der Fall. Früher unterschieden sich die Generationen in ihrem Denken auch nicht so gravierend, wie heute. Die Jungen orientierten sich an den Alten und lernten von ihnen. Heute orientieren sich die Alten an den Jungen.

Meine drei Schwiegertöchter wohnen in der Nähe und unsere Lebenswege überschneiden sich natürlich. Ich sehe, was sie schöner und besser machen als ich, wie sie auf Lebensqualität achten, sich Gedanken machen. Denken ist Entwicklung und Entwicklung bedeutet Fortschritt, auf allen Ebenen.

Die Frauen heute scheuen sich auch nicht, etwas Unangenehmes zu sagen oder ihre Eltern zu kritisieren. Das hätte ich nie gewagt, ich war viel zu scheu und fürchtete Familienkrach. Heute sind Frauen selbstbewusster, sie vertreten ihre Position viel souveräner. Es macht mich froh, dass meine Enkel so behütet aufwachsen.

Umzug ins neue Haus

Endlich waren die Jahre des Bauens vorbei. Das alte Haus war wieder hergestellt, meine Oma bewohnte die obere Etage. Es war das Frühjahr 1977 und Ferdinand plante erst im darauffolgenden Jahr einzuziehen. Plötzlich entdeckte er eine neue Verdienstmöglichkeit: »Warum soll das Haus leer stehen, wir werden es an Touristen vermieten.« Unser Söhnchen Manuel war im Februar zwei Jahre alt geworden und ich ahnte, was jetzt auf mich zukommen würde. Ein Onkel gab ihm den Rat: »Hol dir doch Möbel, wenn in Aachen wieder der Sperrmüll auf der Straße steht. Da fährst du einen Tag früher hin und suchst dir aus was du brauchst.«

Gesagt, getan. Voller Eifer fuhr Ferdinand mit Anhänger und einem Helfer nach Aachen. Es war der blanke Wahnsinn. Man muss sich den Aufwand vorstellen, nur um in der Sommersaison an Touristen zu vermieten. Und im darauffolgenden Jahr sollten ja schon wir mit unseren Möbeln und dem ganzen Hausrat in diese Räume einziehen.

Ich versuchte ihm klar zu machen, dass das mehr Arbeit als Geld einbrachte, doch Ferdinand hörte eigentlich nie auf meine Einwände. Stattdessen wurde mit der Ankunft der alten Möbel aus den 40er und 50er Jahren aus Aachen wieder mein voller Einsatz verlangt. Wir brauchten Matratzen, Decken und Kissen, die ich bei der Caritas besorgte.

Mit dem Ende des Sommers blieben auch die Touristen aus. Wohin nun mit der Einrichtung? Ferdinand war so begeistert von der Idee mit den Sommergästen, dass er beschloss, die leerstehenden Kellerräume herzurichten. Sie waren zwar groß, sahen aber nicht wohnlich aus. Mein Widerstand, zwecklos. Alle Räume wurden tapeziert und gestrichen. Allerdings genügte bereits ein Sommer und die Gäste blieben aus. Niemand kam ein zweites Mal, denn die Leute wünschten sich im Urlaub mehr Komfort.

Zwischendurch zogen wir im Oktober 1977 ins neue Haus. Dieser Umzug kam wieder ohne Voranmeldung. Es war Samstag und mein 30. Geburtstag, aber davon war gar keine Rede, selbst ich dachte erst spät am Abend daran.

Typisch Ferdinand, er kam am Nachmittag nach Hause, früher als sonst und teilte mir mit: »wir ziehen um«. Erschreckt erwiderte ich: »das geht jetzt absolut nicht. Ich bin für einen Umzug nicht vorbereitet und meine Oma weiß auch gar nichts davon.« Sie wohnte oben und ahnte natürlich nichts. Zudem war meine jüngste Schwester auf eine Hochzeit eingeladen und ich passte auf ihr sechs Monate altes Baby auf.

Fünf Kinder und ich war nicht vorbereitet, ich geriet in Panik. Ich bettelte: »Geht das nicht nächste Woche, damit ich einige Dinge regeln kann, zum Beispiel die Kinder bei jemandem unterbringen.« »Nein«, war seine kategorische Antwort, »ich mache die Arbeit mit den Nachbarsjungen, du brauchst nicht zu helfen.« Es gelang mir nicht, ihn umzustimmen. Kein Flehen, kein Betteln änderte seine Meinung. Wieder einmal ergab ich mich in mein Schicksal. Natürlich war nicht daran zu denken, die Männer den Umzug alleine machen zu lassen, welche Frau will nicht dabei sein, wenn Porzellan und Wäsche eingeräumt werden. Das Baby meiner Schwester bemerkte die nervöse Stimmung und schrie ohne Unterbrechung, deshalb fuhr meine älteste Tochter, gerade sieben Jahre alt, sie stundenlang im Dorf auf und ab, um sie zu beruhigen. Bevor wir zu Bett gingen, ging ich noch zu meiner Oma, um sie ein bisschen zu trösten. Sie war aber merkwürdigerweise ganz gefasst, als ich ihr das »Wieso« und »Warum« erklärte.

Mama und Ferdinand zwingen mir Heinz auf

Als meine Oma sechs Monate später starb, war nur noch ihr ehemaliger Betriebshelfer Heinz übrig. Er war bei meiner Großmutter geblieben, als ihr ergebener Diener. Mama und Oma kamen ja nicht gut miteinander aus, deshalb war ich diejenige, die regelmäßig nach Oma schaute. Ich putzte, machte ihr die Wäsche, fuhr sie ins Krankenhaus und betreute sie in den Dingen, die Heinz nicht schaffte. Meine Mutter meinte: »du kannst das besser als ich, mit mir ist Oma immer frech und folgt mir nicht.«

Nun war Oma Gerti unter der Erde und es blieb die Frage, wohin mit Heinz? Alleine im Haus, das wäre nicht tragbar, meinte meine Mutter. Schon bald reifte der Plan, Heinz mir unterzuschieben. Das war ein richtiger Kuhhandel. Heinz besaß einen Wald mit halbwüchsigen Bäumen, den mein Opa ihm vererbt hatte, da er nicht sicher sein konnte, dass Heinz von meiner Oma richtig entlohnt wurde. Um in Ruhe sterben zu können, gab er ihm den Wald. Und damit wollten meine Mutter und mein Mann mir dieses Angebot schmackhaft machen: »du bist die Einzige, die das kann. Wo sollen wir denn hin mit ihm? Als Belohnung bekommst du dann den Wald überschrieben. Du brauchst ja nicht zur Arbeit zu gehen, du bist ja immer zu Hause.« Sie ließen so lange nicht locker, bis ich nachgab. Fünf Monate später kam

Heinz zu uns. Dieser Umstand vergällte mir sogar mein neues Haus. Heinz bekam ein Zimmer mit Fernseher zugeteilt, aber er suchte Unterhaltung. Ständig kam er und ging nur aus der Küche, um einen Schluck aus seiner Schnapsflasche zu nehmen. Von Oma wusste ich, dass er schon als junger Knecht gerne getrunken hatte. Um mich seinen ermüdenden Geschichten zu entziehen, versuchte ich meine Arbeit außerhalb zu verrichten, bügelte im Schlafzimmer, schälte die Kartoffeln im Keller. Ich weiß heute, dass ich meine Arbeit an ihm nicht gut getan habe.

Ein weiteres Übel war mein Mann, der das Wort nie an seine Kinder richtete. Nun sprach er ausschließlich mit Heinz; die Kinder und ich waren still. Als Heinz nach acht Jahren bei uns einen Schlaganfall erlitt, muss ich zu meiner Schande gestehen, dass ich mich erlöst fühlte. Eine Last fiel mir von den Schultern.

Die Zeit der Doppellender

Für den früheren Schweinestall, der nun leer stand, hatte Ferdinand wieder eine neue Idee. Da er jede nur erdenkliche Einnahmequelle nutzen wollte und sich davon versprach, die Wiesen nicht mehr mähen zu müssen, begann er zu meinem Leidwesen eine Kälberzucht. Für mich bedeutete das die Unbequemlichkeit, immer während der Vorbereitung des Abendessens in den Stall zu müssen, und dazu gehörte natürlich auch davor und danach die Kleider zu wechseln. Ferdinand wählte die Rasse *Gris Bleu* (Weißblaue Belgier). Das sind Doppellender-Rinder, deren Kälbchen beim Verkauf besonders viel Geld einbringen sollten. Für mich und die Kinder wäre es wichtiger gewesen, vor allem für die beiden jüngsten, wenn ich ihnen bei den Hausaufgaben hätte helfen können.

Die Doppellender-Kälbchen benötigen viel Pflege. Das Kalben geht praktisch nie ohne Kaiserschnitt vonstatten. Ferdinand ging zur Arbeit mit der Bemerkung: »Heute wird die Kuh kalben, schau, dass du einen Nachbarn findest, der mithilft«, denn der Arzt konnte die Prozedur nicht alleine durchführen. Die Kuh musste mit frischen Tüchern abgedeckt werden und so festgebunden, dass sie nicht hin- und herrannte. Der Arzt brauchte viel frisches warmes Wasser, wozu ich immer die 50 Meter bis zum Haus rennen musste, was vor allem nachts eine Quälerei war. Das neugeborene Kalb konnte die ersten acht Tage nicht selbst bei der Mutter saugen, weil diese Sorte mit einer missgestalteten Zunge auf die Welt kommt. Also bekam das Kälbchen viermal am Tag Muttermilch in der Flasche zu trinken. Das hieß auch viermal umziehen. Ob es einen Verdienst gebracht hat, bezweifle ich, das hat Ferdinand mir nicht gesagt.

Nur einen Vorteil haben die Kälbchen gehabt, einen erzieherischen. Im Alter von 10, 11 und 15 Jahren, als die Jungs noch nicht alt genug waren, im Wald zu helfen, waren die Tiere die Wochenendarbeit der Kinder. Natürlich nur einige Stunden, aber sie hatten eine Beschäftigung. Im Sommer wurde Heu gemacht, das später im Schuppen gelagert wurde. Wer den Stall ausmistete und wer das Auto wusch, konnten die Kinder selbst ausmachen.

Die Futterbrocken für eine Woche wurden im Stall gelagert, genauso wie das Heu und das Stroh. Zu dieser Zeit war noch nicht viel Betrieb im Dorf, so dass die Kinder schon früh mit dem Traktor auf die Wiese konnten, um die Zäune auszubessern. So gesehen waren sie beschäftigt und gut gelaunt, wenn die Arbeit getan war. Freitag- und Samstagabend übernahm jeweils ein Junge meine Stallarbeit. Am Sonntagabend verrichtete ich sie wieder selbst, so wie ich den Stall auch die ganze Woche über am Abend machte. In der Woche übernahm Ferdinand die Stallarbeit morgens selbst.

Ferdinand und die Kinder

Mein Mann hatte kein gutes Verhältnis zu seinen Kindern. Und aus mehreren Gründen hatten sie Angst vor ihm. Sicher merkten sie, dass auch ich mich vor seinen Wutausbrüchen fürchtete, denn ich war immer um Harmonie bemüht. Bloß keinen Streit aufkommen lassen, das war meine Taktik. Heute weiß ich, dass das völlig falsch war, aber dessen wurde ich mir erst Jahre später bewusst. Üblicherweise bemühte ich mich schon im Vorfeld, alles im Keim zu ersticken, was Diskussionen hätte auslösen können. Ich habe mich später oft gefragt, warum bin ich so konfliktscheu, aber wahrscheinlich hängt das mit meiner eigenen Sozialisation zusammen. In meinem Elternhaus wurden Konflikte auch nie ausgetragen. Und deshalb hatte ich Angst davor.

Das wurde mir alles erst nach und nach klar. Jedenfalls hatte ich immer Angst vor Ferdinands Reaktion, und ich fürchtete um die Kinder. Sie sollten sich nicht erschrecken, deshalb steckte ich zurück. Die Konsequenzen für meine eigene Psyche waren mir damals nicht bewusst. Es war mir auch nicht klar, dass ein Streit für die Kinder besser gewesen wäre. Aber ich kannte ja Ferdinands Wutausbrüche, wenn wir alleine waren. So riskierte ich in den folgenden Jahren keinen Widerspruch.

Ferdinand und ich sprachen nicht die gleiche Sprache, eine normale Auseinandersetzung mit ihm war gar nicht möglich. Sagte ich doch mal etwas, liefen die Dialoge immer nach dem gleichen Muster ab. Er warf mir den Ball sofort zurück, um nicht reagieren zu müssen, warf mir Dinge vor, die nicht stimmten und das machte mich mundtot, bis ich weinend aus dem Zimmer lief.

Ferdinand war bei allen Auseinandersetzungen unsachlich. Seine Taktik war ganz einfach, »Gegenangriff« statt Aussprache.

Heute ist mir klar, dass es besser gewesen wäre, einen Streit auch mal auszufechten, vor allem, als die Kinder größer waren. Dann hätten sie Ferdinands Reaktion erlebt und später wäre mein Trennungswunsch für sie offensichtlich gewesen. Allerdings hätte wahrscheinlich auch Schlimmeres passieren können.

Jahre später bemerkte ich am Verhalten eines meiner Söhne, dass er eine Trennung, mit allen unvermeidlichen Konsequenzen, nicht gut verkraftet hätte. Es war damals schwierig sich scheiden zu lassen. Vor allem in einem kleinen Dorf, wo jeder jeden kennt, wäre so ein Skandal für die Kinder sehr peinlich geworden. Aber irgendwann war ich nicht mehr bereit, nur wegen des Dorftratsches »heile Familie« zu spielen.

Ich bin der Meinung, dass Ferdinand anfangs anders war und sich sein Wesen erst durch die Geburt der Kinder veränderte. Heute denke ich, sie waren ihm im Weg, weil er befürchtete, sie könnten ihm etwas von meiner Zuneigung und Aufmerksamkeit wegnehmen. Letztlich waren die Kinder trotz meiner ganzen Vorsicht eingeschüchtert. Sobald ihr Vater den Raum betrat, redete keines mehr ein Wort.

Wenn ich zum Einkaufen in den nächsten Ort ging, sah ich öfters junge Eltern gemeinsam mit dem Kinderwagen. Bei diesem Anblick kamen mir die Tränen. Wie sehr wünschte ich mir eine solche Gemeinsamkeit, die Freude in seinem Gesicht über witzige Situationen mit den Kindern. Aber er ignorierte sie einfach.

Ich erinnere mich nur an eine einzige Situation, in der Ferdinand in einem positiven Sinne anders reagierte, als erwartet: Unser Jüngster war gerade ein Jahr alt und schon sehr krank. Vor allem der Durchfall hörte gar nicht mehr auf. Weder Mamas bewährte Rezepte noch die Mittel aus der Apotheke nützten. Ich kam aus dem Windelnwechseln gar nicht mehr heraus.

Ein Arzt riet mir, mit dem Kleinen ins nächste Krankenhaus mit einer Kinderstation zu fahren. Der Kinderarzt untersuchte Manuel und dann sollte er ein paar Tage stationär aufgenommen werden. Ich war auf diese Nachricht nicht vorbereitet und konnte nicht so plötzlich im Krankenhaus bleiben. Wer sollte die anderen drei versorgen, Mama schaffte das alleine nicht.

Manuel schlief schließlich ein, erschöpft von den Strapazen und ich wagte mich von seinem Bettchen weg. Ich bat die Schwester, sofort anzurufen, wenn er weinte und fuhr nach Hause. Am Abend rief ich an, man beruhigte mich und sagte, er würde noch schlafen. Am nächsten Morgen hieß es wieder, er sei ruhig, würde in seinem Bettchen sitzen und mit der Decke spielen. Mir schien das nicht glaubhaft.

Die Sorge um meinen Kleinen gab mir den Mut, Ferdinand anzusprechen. Er fuhr gerade in dieser Gegend Brot aus und ich fragte ihn: »Könntest du vielleicht in der Klinik nachsehen, ob Manuel ruhig ist, oder ob er weint?« Seine überraschende Antwort war: »Das ließe sich machen.«

Als Ferdinand am Bettchen von Manuel in der Klinik angekommen war, weinte dieser bitterlich und streckte seine Händchen nach ihm aus, das erweichte Ferdinands Herz. Eine andere Mutter, die am Bett ihres Kindes saß, bestätigte: »Er hat schon die halbe

Nacht geweint.« Kurzerhand nahm Ferdinand Manuel aus dem Bettchen, wickelte ihn in seine eigene Decke und ging zur Rezeption. Die Schwester am Schalter regte sich auf und hielt es für unverantwortlich. Das störte Ferdinand nicht, er unterschrieb, dass er seinen Sohn auf eigene Verantwortung mitnahm und verschwand.

Im Lieferauto setzte er Manuel auf seine Knie und machte sich auf den Heimweg. Erstaunt und froh lief ich ihnen entgegen. Nachdem ich Manuel frisch angezogen hatte, kroch dieser unter den Tisch und suchte nach Brotkrumen, die die Kinder bei ihrer Brotzeit hatten fallen lassen. Man hatte ihm im Krankenhaus einfach nichts zu Essen gegeben.

Mich hat dieser tapfere Einsatz von Ferdinand sehr erstaunt und natürlich gefreut. Allerdings blieb er eine Ausnahme. Am folgenden Tag, als er mit seinen Brüdern zum Essen kam, hatte er alles schon wieder vergessen, er fragte kein einziges Mal: »Wie geht es eigentlich Manuel?« So war er halt.

Als die Kinder schon etwas größer waren, versuchte ich an einem Sonntag bei einem Ausflug Nähe herzustellen. Ich hoffte, eine Ausfahrt mit den Kindern würde auch Ferdinand entspannen. Falsch gedacht, er redete ausschließlich mit mir. Ich wünschte mir, er hätte den Kindern erklärt, was wir sahen, wenn wir beispielsweise eine Burg oder andere Sehenswürdigkeiten besuchten. Aber dazu kam es gar nicht. Die Kinder liefen wie kleine Schäfchen hinter uns her und bemühten sich, nicht aufzufallen. Es war wie vor hundert Jahren.

Meine Sozialisation im Elternhaus war ganz anders gewesen. Zwar hatte ich einen meist schweigenden Vater, aber er war liebevoll. Ferdinands Ablehnung war zerstörerisch für die Kinder. Nach außen hin hatte ich wohlerzogene Kinder, aber sie waren ängstlich und eingeschüchtert und widersprachen praktisch nie und das ist eine ungesunde Haltung.

Deshalb versuchte ich, den Kindern auf anderem Weg Lebensfreude zu vermitteln. Ich selbst war erst knapp über Dreißig und später wurde mir klar, »ich war selbst ein Kind unter Kindern.« Wenn Ferdinand nicht da war, machten wir viel Unfug, so entstand zwischen uns Vertrautheit. Sie wussten, dass wir auf Augenhöhe waren, sie durften mich hänseln und liebevoll necken, so hatten wir viel zu Lachen. Das war der Ausgleich, den sie brauchten, um seelisch nicht zu verkümmern.

Ich, ein Kind unter Kindern

Die Aussage »Ich, ein Kind unter Kindern« beschreibt sehr gut mein Verhältnis zu meinen Kindern. Vielleicht wäre das Stoff für ein neues Buch. Jedenfalls fühlte ich mich nicht wie die Mutter meiner heranwachsenden Kinder, sondern eher wie eine Schwester oder Freundin. Da ich selbst eine armselige und arbeitsreiche Kindheit erlebt hatte, konnte ich mit meinen eigenen Kindern Versäumtes nachholen. Ich interessierte mich brennend für ihre Geschichten aus der Schule, über die Lehrer, Freundschaften oder die neuesten Schlager. So entwickelte ich mich ziemlich ähnlich wie meine Kinder und mein Verhältnis zu Ferdinand war wie zu einem Vater.

Mit 33 Jahren machte ich eine Diät. Mit jeder Schwangerschaft war ich etwas schlanker geworden, aber noch immer pummelig. Meine Schwestern brachten mich auf die Idee. Sie hatten, anders als ich, mit den Schwangerschaften zugenommen. Als beide nun schnell einige Kilos weniger wogen, fragte ich: »Kann ich diesen Diätplan auch mal sehen?« Sie hatten ihn von einem Arzt bekommen. Nach einem Jahr wog ich 16 Kilo weniger und fühlte mich richtig hübsch, wie meine Altersgenossinnen. Diese Verwandlung machte mich selbstbewusster. Manchmal

wurde ich sogar für die Schwester meiner Kinder gehalten.

Die Tatsache, dass ich die Kinder als Freunde behandelte und mich auch auf einer Ebene mit ihnen
fühlte, hatte Folgen, die ich nicht vorhersehen konnte. Folgen, die nicht gut für mich waren, denn ich
fühlte mich manchmal in eine andere Zeit versetzt.
Wenn Ferdinand und ich unsere älteren Kinder auf
Veranstaltungen begleiteten, ordnete ich mich
immer den Jüngeren zu, weil ich mit ihnen besser
klar kam.

Ferdinand und die Arbeit

Ferdinands Verhältnis zu seinen Kindern, vor allem
zu den Jungs, änderte sich erst durch die gemeinsame Arbeit. Ich teilte sie schon früh an den Wochenenden für leichte Arbeiten ein. Ich selbst übernahm
die Aufgabe seinen Jeep, mit dem er immer in den
Wald fuhr, zu putzen. Obwohl wir nicht gut miteinander auskamen, war es einfacher, mich seinen An-
sprüchen zu fügen.

Als die Kinder 16 und 17 Jahre alt waren und am
Samstagabend mit ihren Freunden ausgehen wollten, stellte ich folgende Bedingung: »Wer ausgehen
will, ist auch in der Lage, das Taschengeld zu verdienen, das er dazu braucht«. Das leuchtete ihnen ein

und so mussten sie mit ihrem Vater in den Wald gehen. Samstags zogen sie also mit einem üppigen Brotsack versorgt los. Später erzählten sie mir, halb ängstlich, halb belustigt, von Ferdinands unbändiger Arbeitswut. Statt einer kleinen Pause nach dem Essen mussten die gefällten Bäume vermessen werden und alles notiert, um die Menge zu berechnen. Staunend stellten die Kinder fest: »der Mann hat gar keine Ruhe, er ist wie eine Naturgewalt.«

Ich selbst kannte seine Arbeitswut ja schon. Rastlos, ohne Ruhe, scheuchte er mich und jetzt auch die Kinder wie ein Sklaventreiber. Man wusste gar nicht mehr, was man zuerst anfassen sollte.

Deshalb fürchtete ich, er könnte den Jungen im Wald zu viel zumuten und sie würden sich dann weigern mitzugehen. Also bat ich ihn im Vorhinein schon, Pausen zu machen und rechtzeitig an den Feierabend zu denken.

Allerdings änderte sich durch diese gemeinsame Arbeit Ferdinands Verhalten den Kindern gegenüber. Bei der Waldarbeit merkte er, dass er tüchtige Jungen hatte. Jetzt wurden bei Tisch Männergespräche geführt. Sie redeten über Techniken bei der Waldarbeit, Autos, Reifen und ähnliches. Die Stimmung wurde lockerer und Ferdinand sah seine Kinder als nützliche Familienmitglieder, die Leistung brachten.

Ferdinand hat aufgrund seiner unbändigen Arbeitswut viel verdient. Neben seiner Waldarbeit, die meistens mehr als acht Stunden am Tag dauerte, hatte er noch ein weiteres Talent. In den 1980er Jahren hatte er eine Stereoanlage gekauft. Aber das war nur der Anfang. Ständig erweiterte er sein Equipment, kaufte Lautsprecher und Partybeleuchtung.

Musik war seine wichtigste Freizeitbeschäftigung. Wenn er die Kopfhörer aufsetzte, sah und hörte er nichts mehr von seiner Familie. Es lag einfach in seiner Natur, dass er auch mit seiner Leidenschaft Geld verdienen wollte.

Ferdinand hatte schnell Erfolg und wurde zu einem begehrten Discjockey, der an Tanzabenden Platten auflegte. Auch drei durchgemachte Nächte hintereinander, hinderten ihn nicht daran, am Montag um acht Uhr wieder topfit im Wald zu stehen und die Musik seiner geliebten Kreissäge zu hören.

Viele Leute gaben ihm den Rat: »lass doch die Waldarbeit sein und mach nur noch Musik, du übertreibst.« Hätte er nur auf sie gehört.

Das Thema Wald war für Ferdinand auch bei seinen Freundschaften sehr wichtig. Er suchte sich immer Leute zum Reden aus, die vom Fach waren, entweder Waldarbeiter oder Discjockeys. Auf Veranstaltungen tanzte ich derweil mit anderen Männern, Ferdinand tanzte ungern und ich alberte gerne mit den jungen Leuten herum.

Das führte dazu, dass ich mit gleichaltrigen Männern wenig anfangen konnte. Ich fand sie nicht offen genug, zu verbohrt und altbacken. Ich hatte einfach keinen Draht zu Leuten meines Alters, egal ob Frauen oder Männer. Später erwies sich das als Nachteil. Nach der Trennung von Ferdinand liefen mir natürlich auch andere Männer über den Weg, die meine Freundschaft suchten, oder mehr wollten. Waren sie nur wenige Jahre älter, fand ich sie uralt. Erst Peter, er war fünf Jahre jünger, war für mich dann attraktiv. Allerdings scheiterte diese Beziehung. Zwar nicht am Alter, sondern, weil mir meine Kinder letztlich wichtiger waren.

Überhaupt hatten die Kinder für mich immer Vorrang, an mich selbst habe ich als allerletztes gedacht. Ich bekomme immer ein mulmiges Gefühl, wenn ich zuerst an mich denke. Der Gedanke, die Kinder seien »zu kurz gekommen«, ich hätte zu wenig Zeit für sie gehabt, hat mich immer begleitet. Anscheinend ist das aber gar nicht der Fall. In Gesprächen mit ihnen fand ich heraus, dass sie sich gar nicht benachteiligt gefühlt hatten, sondern mit ihrer Kindheit ganz zufrieden waren. Dass ihr Vater anwesend war, aber nicht wirklich für sie da, scheint keine so große Lücke hinterlassen zu haben, wie ich befürchtet hatte.

Nach dem Tod von Heinz ziehen meine Eltern zu uns

Kurz nachdem Heinz gestorben war, kam meine Mutter eines Tages mit der Nachricht zu mir: »In etwa einem Jahr kommen wir zu euch auf die Etage gezogen.« »Aber Mama«, erwiderte ich, »wieso denn das jetzt?« Was ich nicht wusste, das war längst zwischen Ferdinand und meinen Eltern abgemacht worden. Eigentlich hatte der Architekt das neue Haus als Bungalow mit Flachdach und nur einer Etage geplant. Während der Baue wunderte ich mich schon, als Ferdinand und seine Brüder plötzlich in die Höhe bauten. »Warum änderst du den Plan?«, fragte ich damals verwundert. »Man weiß nie, wie viel man später braucht«, war seine kryptische Antwort. Ich hatte damals so viel um die Ohren, dass mich die Änderung nicht einmal hellhörig machte.

Nun zogen also meine Eltern aus dem Schloss aus, und zu uns. Die drei Jungs, die ursprünglich oben schliefen, wurden nach unten verlegt, alle drei in Heinz früheres Zimmer. Tochter Sabine schlief schon vorher unten. Die Wohnung oben wurde für die Eltern neu hergerichtet. Und sie waren zufrieden, jedenfalls meine Mutter. Vorerst nahm ich den Umzug gelassen hin, schließlich waren beide noch gesund und versorgten ihren Haushalt selbst.

Mein Vater äußerte sich nicht, war schweigsam wie immer. Damals war ich noch nicht reif genug, um ihn zu fragen, was ich heute sehr bedauere. Ich liebte ihn sehr, wenn die Chemie stimmt, geht das auch ohne Worte. Aber ich glaube, er war nicht glücklich. Ich merkte es daran, dass er noch stiller wurde, als er schon war.

Der ungewollte Schwiegersohn, der ungewollte Landwirt, leider kein Sohn, der ihm die Arbeit erleichtert hätte. Freude bereitete ihm nur die Arbeit auf der Gemeinde. Dort war er schnell zum ersten Schöffen gewählt worden. Später bot man ihm das Bürgermeisteramt an, was meine Mutter aber nicht wollte, in dem Glauben, er sei dann zu oft weg. So war ihm diese Freude nicht vergönnt. Doch er vertrat öfters den Bürgermeister bei öffentlichen Auftritten und war sehr an Politik interessiert.

Als ich etwa 40 Jahre alt war, starb mein Vater. Das war ein Schock für mich und sein stiller Rückhalt fehlte mir. Ich erinnere mich gut an den August 1986. Papa saß mit einem Buch im Garten. »Was liest du da Schönes, Papa?«, fragte ich ihn. »Ich lese und lese wieder nicht, danach vergesse ich, was ich gelesen habe.« Er fuhr sich müde durchs Haar und sah mich traurig an. Zum ersten Mal wurde mir bewusst, dass mein Vater vielleicht depressiv war. Mama rief von der Treppe: »Sag Papa, er soll mal hoch kommen.« Mein Vater ging nach oben, um sich im Badezimmer frisch zu machen. Da geschah etwas Unvorhergesehenes: Er fiel hin und rieb sich dann verzweifelt den Kopf. »Schnell den Arzt!«, rief Mama. Später wurde uns klar, es wäre schlauer gewesen, gleich die Ambulanz zu rufen. So dauerte es eine Weile, ehe der Arzt kam, einen Hirnschlag diagnostizierte und dann erst die Ambulanz bestellte. Das war zu spät. Papa kam nicht mehr richtig zu Bewusstsein. Nur als seine Geschwister an sein Bett traten, war eine freudige Reaktion festzustellen. Nach drei Tagen war er tot, mit kaum 70 Jahren. Aber das war kein Wunder, er hatte davor schon zwei Herzinfarkte gehabt und eine Herzoperation, bei der man den Brustkorb geöffnet hatte. Mein Vater war kein Mann vieler Worte, aber er regte sich innerlich auf.

Als wir Abschied von Papa genommen hatten, gingen Mama und ich nach Hause zum Mittagessen. Noch heute wundere ich mich über die Tatsache, dass sie ihre Mahlzeit mit gutem Appetit aß; mir dagegen war schlecht und ich konnte nichts essen. Mehrere Leute besuchten uns kurz danach und wieder war ich verwundert, wie munter meine Mutter erzählte. Sie war sehr gefasst, aber das unerfüllte Leben meines Vaters machte ihr zu schaffen und sie fühlte sich mitschuldig.

Mutter schien mir nach den schweren Tagen auch unbelasteter zu sein, als vorher. So, als sei etwas von ihr abgefallen, das sie vorher bedrückt hatte. Ich grübelte viel über diese Verhaltensänderung meiner Mutter nach, auch heute noch. »Gingen sie sich gegenseitig auf die Nerven, war einer dem anderen eine Last?« Möglich wäre es. Es war wohl so wie immer, die Frau klagt und der Mann schweigt; unser Vater jedenfalls.

Ich vermisste meinen Vater sehr. Seine Liebe, seine Ruhe. Einfach seine Anwesenheit hatten genügt, um mir Halt zu geben. Und seine Liebe, die nicht lautstark daherkam, war eine Gewissheit. Ohne viele Worte wusste ich, es war alles in Ordnung.

Ob es seine Abwesenheit war, oder dass die Kinder aus dem Gröbsten raus waren, meine Älteste war schon 19, der Jüngste 12 Jahre alt, weiß ich nicht. Jedenfalls begann ich in dieser Zeit, über mein Leben nachzudenken. Zuerst hatte ich eine Glaubenskrise, dann eine Ehekrise, dann eine Krise mit meiner Mutter – es kriselte nur so. Meine schönsten Jahre, die Kinder erwachsen, habe ich damit verbracht, die versäumte Entwicklung nachzuholen.

Das Verhältnis zu meiner Mutter wurde nach Papas Tod schwieriger. Vor allem nach ihrem Einzug bei uns verlor ich den Abstand, den ich so dringend benötigt hätte, um Luft holen zu können. Nun geschah das, was ich befürchtet hatte, alle Erwartungen richteten sich wieder auf mich. Zum Glück schrieb Mama die ersten Jahren noch über ihr Hobby »Brauchtum und Folklore aus früheren Zeiten«. In diesen Stunden ließ sie mich in Ruhe, aber es wurden immer weniger. Sie liebte es, die Kinder heranwachsen zu sehen und folglich aß sie gerne mit uns. Sie genoss es, in unserer Mitte zu sein, die Kinder lenkten sie ab und brachten sie zum Lachen.

Nach Heinz' Tod hatte ich auf ein normales Familienleben gehofft. Seit die ältesten Jungen am Samstag mit Ferdinand im Wald arbeiteten, begann er seine Söhne ernst zu nehmen. Aber jetzt kam Mama ihm in die Quere. Sie liebte es, die Unterhaltung zu dominieren. Meine Mutter war es gewohnt, das Wort zu führen. Auf Veranstaltungen, Kaffeekränzchen und ähnlichem, war sie die Hauptperson. Ich glaube, dass sie wegen ihrer Gradlinigkeit Sympathien genoss. Außerdem hatte sie eine witzige Art zu erzählen. Deshalb konnte ich nicht verhindern, dass sie bei uns die erste Geige spielen wollte.

Zudem begann sie mehr und mehr, sich über meinen Lebensstil zu ärgern oder sich daran zu stoßen. Sie verstand einfach nicht, dass ich zu einer Generation gehörte, die anders war. Ich war eben nicht wie sie. Manchmal, nach dem Frühstück, wenn die Kinder in der Schule und der Mann bei der Arbeit war, trank ich eine Tasse Kaffee und wünschte mir nichts sehnlicher, als endlich meine Ruhe zu haben. Dann kam Mama runter: »Was kochst du heute?« Manche denken vielleicht: da hat sie doch Hilfe, aber ich hätte lieber ohne ihre Einmischung meine Arbeit gemacht.

Heinz war ja schon schlimm gewesen, aber noch erträglicher, er hatte mir wenigstens nicht in meine Arbeit hineingeredet. Mutter dagegen störte sich oft daran, wie ich die Dinge machte. Zum Beispiel fragte sie: »Warum musst du denn schon wieder die Haare waschen? Warum musst du dich schminken? Ich hab das nie gebraucht und war auch ordentlich.« »Warum musst du wieder zum Einkaufen, einmal die Woche genügt.«

Zum Zeitvertreib spielte meine Mutter gerne Karten. Deshalb sammelte ich die Frauen aus den umliegenden Dörfern zum Kartenspielen ein. Dieses Hobby hatte in unserem Dorf nicht so viel Zuspruch. Ich sorgte für Kaffee und Kuchen und fuhr die Leute später wieder heim. So war Mama wenigstens eine Zeitlang beschäftigt.

Mutter und Schwiegermutter

Aber meine Mutter begann sich zu langweilen. Die Geschichten, die sie über Tradition und Brauchtum für den Geschichtsverein schrieb, neigten sich dem Ende. Körperlich war es für sie beschwerlich, aber geistig war sie noch fit, suchte nach Zerstreuung, die ich ihr nicht ständig bieten konnte und wollte. Am Ende wurde ich ungeduldig und trat den Rückzug an.

Ihre morgendlichen Tätigkeiten waren Kartoffeln schälen oder Gemüse putzen. Dabei wollte sie gerne Gesellschaft. War meine Schwiegermutter gerade zu Besuch – Ferdinand holte seine Mutter ein paar Mal im Jahr für drei Wochen zu uns; obwohl ich nicht begeistert war, fügte ich mich – war der Fall gelöst. Sie kam immer, wenn viel Obst und Gemüse eingekocht oder eingefroren werden musste. So saßen sich in meiner Küche zwei Frauen gegenüber, die unterschiedlicher nicht sein konnten.

Natürlich dominierte meine Mutter das Gespräch, wobei Schwiegermutter Josefine nicht immer richtig folgen konnte. Ich bemühte mich so gut es ging, die manchmal peinlichen Missverständnisse zu erklären, denn sie sprachen nicht miteinander, sondern gegeneinander.

Die Unterhaltung spielte sich so ab, dass ich sortieren und vermitteln musste, damit eine der anderen folgen konnte. Das sah folgendermaßen aus: Ich sagte zu meiner Mutter: »nein, Mama, Josephine meint, das ist anders gewesen.« Ich zu Josephine: »nein, Mama ist nicht unzufrieden« und so fort.

»Lass sie doch einfach alleine«, riet mir eine Nachbarin, der ich meine Schwierigkeiten erklärte. »Aber dann weiß ich nicht, wer mir mehr Kummer macht, Schwiegermutter oder Mama; eigentlich tun mir beide leid.«

Meine Schwiegermutter erzählte gerne von der Vergangenheit. Ich spürte deutlich, dass bei diesen Unterhaltungen zwei völlig unterschiedliche Lebensweisen aufeinander prallten. Schade, beide versäumten die Möglichkeit von den Gesprächen zu profitieren oder im gegenseitigen Verständnis den Austausch von Vergangenem und Erlebtem zu genießen. Manchmal hege ich den Verdacht, dass ältere Menschen mit ihrem Blick zurück noch immer nach Antworten auf die Frage suchen, wer Schuld an ihren grausamen Erlebnissen hat.

In den Anfangsjahren ihrer Ehe hatte es meine Schwiegermutter auch nicht leicht gehabt. Nach der Heirat waren meine Schwiegereltern aus finanziellen Gründen gezwungen gewesen, im Haus seiner Eltern zu wohnen. Neben diesen lebten darin auch noch zwei Junggesellen. Mit den Schwiegereltern kam Josephine noch klar, aber die Junggesellen machten ihr das Leben schwer.

Bei Tisch durfte sie keinen Blick auf ihren Mann werfen, sonst folgte gleich eine bissige Bemerkung: »Kannst Du wieder nicht warten, bis es Abend wird und Du zu Johann ins Bett steigen kannst?«

Damals lebten in vielen Häusern neben der Familie noch unverheiratete Frauen oder Männer. Das war in der Nachkriegszeit auf dem Land durchaus üblich. Diese alten Jungfern und Junggesellen neideten Jungverheirateten ihre Zweisamkeit und terrorisierten oft die jungen Frauen.

Später zogen meine Schwiegereltern aus, jetzt schon mit zwei Kindern. Weitere fünf kamen dann im neuen Haus zur Welt. Aber dort waren sie wenigstens von den alten Neidern frei.

Heute stelle ich mir manchmal die Frage, wie wohl meine Schwiegertöchter auf eine solche Situation reagieren würden. Ich wohne ja seit zwölf Jahren neben ihnen. Meine Antwort: sie würden die beiden rausschmeißen, Mutter nebst Schwiegermutter. Und das ist auch gut so. Aber es ist unglaublich, was eine neue Generation verändern kann. Die jungen Frauen befreien sich von den Regeln und dem Druck immer ein »liebes Mädchen« zu sein.

Ich habe immer danach funktioniert, immer fürsorglich, bis ich eines Tages nicht mehr konnte. Es war ein schleichender Prozess, meine Krankheiten häuften sich. Schon mit 40 Jahren begannen Rükkenschmerzen und ständige Erkältungen, selbst im Sommer.

Die unerträglichen Spannungen
zwischen Mutter und mir

Das Miteinander von Mutter und mir spitzte sich weiter zu. Etwas lag in der Luft, unausgesprochene Vorwürfe, oder das Fehlen eines erlösenden Gesprächs. Als sehr quälend empfand ich den Zustand des »Nicht-Erklären-Könnens«, sowohl mit dem Partner als auch mit meiner Mutter. Dieser Zustand zermürbte mich.

Alles, was mir auf der Seele lag, schleppte ich hinter mir her, wie ein Paket, das schwer und schwerer wird. Das Schweigen, das Aufschieben, der sich immer weiter zuspitzende Konflikt machten meine Seele krank.

Mein Gegenüber wollte gar keine Erklärung hören, rettete sich mit Ausreden, wie »ich muss weg, mach meinen Brotsack fertig«, oder mit dem Spruch »ich habe keine Zeit«, aus der Situation. Erst nachdem ich meinen Trennungswunsch klar gemacht hatte, nahm Ferdinand sich ironischerweise Zeit zum Reden.

Im Fall meiner Mutter scheint mir aus heutiger Sicht, dass sie es nicht ertrug, nicht mehr die Überlegene zu sein. Ihre Tochter begann zu wachsen, erwachsen zu werden, das verkraftete sie nicht. Bei meinen Erklärungen des »Wieso« und »Warum«, schaute sie mich verständnislos und vorwurfsvoll an. So ähnlich, wie ich versuchte, den Kindern Ferdinands wahres Gesicht zu verbergen, indem ich auf Harmonie setzte, handelte ich auch in Bezug auf meine Mutter. Ich redete mit den Kindern nicht über meine Konflikte, weder über die mit Mama noch über die mit Ferdinand.

Wie schon bemerkt, fürchtete ich, Ferdinands Ausbrüche würden sie erschrecken, weil ich dachte, sie seien so konfliktscheu und ängstlich wie ich als Kind gewesen war. Meine Haltung zu meiner Mutter war bestimmt von dem Gedanken, »Es gehört sich nicht, über seine Mutter zu klagen und sich zu ärgern. Es ist besser, eine heile Welt vorzugaukeln.«

Heute ist mir klar, eine Auseinandersetzung über unser problematisches Verhältnis wäre in Ordnung gewesen; von Vorteil sogar. Die Kinder hätten mit eigenen Augen sehen und fühlen können, die Schwierigkeiten einer Großfamilie richtig einschätzen lernen und sich eine eigene Meinung dazu bilden können.

Als ich mit meinen Kinder darüber redete, wunderte ich mich einmal mehr über Davids Reaktion: »Nun, das kann man aushalten, aber nicht mehr als fünf Minuten.« Damit meinte er wohl die gerade stattgefundene Unterhaltung mit seiner Großmutter. Mich erleichterte diese Bemerkung. Denn sie gab mir das Gefühl, dass ich in Bezug auf meine Mutter nicht nur negativ dachte. Nun fühlte ich mich nicht mehr ganz so schlecht.

Da ich unlängst ein Buch über die Enkel der Nachkriegsgeneration gelesen hatte, war ich nun sehr bemüht, das Gespräch mit meinen Kindern zu suchen. Die Vorstellung, »auch unsere Kinder gehören dazu«, zwang mich zum Nachdenken. Im Buch war die Rede von gestressten Eltern, ausgelöst durch Wiederaufbau und Neuorientierung. Viele Frauen waren auf der Flucht und zwangsläufig Freiwild für Soldaten. Unvermeidlich, dass so belastete und traumatisierte

Väter und Mütter keine Traumeltern für heranwachsende Kinder sind.

Bedrückend an dieser Situation wie an der vorherigen, also meiner, ist vor allem das *Schweigen*. Wie erlösend wären doch klärende Gespräche gewesen. So fühlten wir Kinder nur die geistige Abwesenheit unserer Eltern. Sie waren zwar anwesend, aber nicht an unserer Seite.

Wie von einer hartnäckigen Krankheit angesteckt, beklagte ich die Tatsache, dass ich fast mein halbes Leben dazu verwendet habe, die Dinge zu ändern, die das Zusammenleben erschwerten.

In meiner Jugend hatte ich den Drang meiner Mutter zu helfen, ohne zu ahnen, dass sie nicht Hilfe bei der Arbeit, sondern seelische Unterstützung brauchte. So bemühte ich mich, ihr alle Arbeiten abzunehmen, die in meiner Macht standen. Damit war ich den ganzen Tag beschäftigt. Feld- und Stallarbeiten übernahm meine ältere Schwester mit. Ansonsten war sie mit Nähen und ihren sonstigen Künsten beschäftigt. Sie und Mutter waren ein Team, ich eher die Außenseiterin.

Eine Generation weiter: Mein ältester Sohn Michael war auch derjenige, der sich als »sehr fleißig« hervorgetan hat. Die auftretenden Spannungen in der Familie wollte er sicherlich mit seiner unkomplizierten Art geraderücken; hochintelligent, der Beste in der Schule wie zu Hause und in seiner Arbeit. Dafür bekam er mehr Lob als die anderen. Dementsprechend hänselten ihn seine Geschwister, indem sie ihn spöttisch »Dein Engelchen« nannten. Aber ohne Ärger und ohne ihm diese Stellung zu neiden. Sie war aber auch nicht beneidenswert, schon wegen seiner Art, es allen recht machen zu wollen. Er erinnert mich an ein zu liebes Mädchen, das später auf viele Hindernisse stößt. Mangel an Durchsetzungsvermögen, Scheu vor Konflikten, Opfer der Machtspiele anderer, lauter Eigenschaften, die autoritäre Menschen ausnutzen. Ich fürchte, wenn sich bei mir die Gelegenheit bieten würde, meine Macht an anderen Menschen auszulassen, würde ich unmöglich davon profitieren können, weil ich einen Ekel vor jeder Art von Machtspielen habe.

Versöhnung mit meiner Mutter

Ein einziger liebevoller und verständnisvoller Blick meiner Mutter genügte letztlich, um all das zu vergessen, was unser Verhältnis die ganzen Jahre gestört und getrübt hatte. Doch das geschah erst kurz vor ihrem Tod.

Da ich fertig mit den Nerven und am Ende meiner Kräfte war, bat ich meine ältere Schwester um Hilfe bei der Pflege meiner Mutter. Sie zeigte Verständnis und ohne Schuldzuweisung oder Missklang nahm sie Mama zu sich. Selbstverständlich vermisste diese ihre geliebte Heimat, bekam aber stattdessen ihre Lieblingstochter. Diese Regelung war eine große Erleichterung für mich.

Drei Jahre verbrachte meine Mutter bei meiner ältesten Schwester. Einige Wochen war sie immer bei uns zu Besuch. Auch in diesem Jahr war sie drei Wochen hier. Meine Mutter brauchte Hilfe im Bad, sie sah nicht mehr gut und alles funktionierte nicht mehr so richtig.

Am Abend musste ich zu einer Versammlung, Mutter blieb bei Ferdinand. Die Kinder waren schon aus dem Haus. Als ich nach Hause kam, war das ganze Badezimmer schmutzig. Ich war fassungslos, doch das war sicher keine Bosheit. Ich überlegte mir, am nächsten Tag mit ihr darüber zu reden.

Als wir uns am Frühstückstisch gegenüber saßen, sprach ich den gestrigen Vorfall an und gab ihr den Rat, im Bad immer ihre Brille aufzusetzen oder jemanden um Hilfe zu bitten.

Sie sah mich mal wieder verständnislos an und sagte: »Warum hast du mir das nicht gestern Abend gesagt und mir alles gezeigt?« »Aber Mama«, erwiderte ich, »dann hättest du doch die ganze Nacht vor Aufregung nicht mehr geschlafen.« Daraufhin sah sie mich ganz liebevoll an und sagte: »Ach, du armes Kind.«

Dieser einzige liebe Blick von ihr löschte allen Ärger, den ich im Laufe der Zeit angesammelt hatte in mir aus. Auf einmal war sie meine kränkliche, schwache und hilfsbedürftige Mama.

Drei Tage später erlitt sie einen Schlaganfall, erholte sich nicht mehr, genauso wie damals mein Vater, und starb nach weiteren drei Tagen im Krankenhaus.

Wie üblich wurde sie in der Totenkapelle aufgebahrt. Sie lag im offenen Sarg und schien ganz friedlich zu schlummern. Ich trat an ihre Seite und redete mir alles von der Seele, was mich belastete. Die Sorgen und den Kummer, den ich mir nicht ersparen konnte, um nicht wieder in die Falle »braves Mädchen« zu tappen, alles erzählte ich ihr und fühlte mich danach wunderbar befreit. Ich hatte das Gefühl als würde Mama sagen: »Geh Kind, alles ist gut.«

Das war am 11. September 2000, im Mai des darauffolgenden Jahres trennte ich mich von Ferdinand. Das Schicksal hat dafür gesorgt, dass Mama diesen Tag nicht miterleben musste. Ich vermute, dass sich nun der Gedanke, den ich die ganzen letzten Jahre nicht ausgesprochen hatte, verwirklichen wollte: »wenn die Kinder aus dem Haus sind, gehe ich auch.«

Kapitel 3
Aufbruch in ein neues Leben

Ich war gerade 40 Jahre alt, als ich begann, mein Leben zu überdenken und vieles in Frage zu stellen: »Ist das alles gewesen?«, fragte ich mich. Ein unerfülltes Leben, jedenfalls was Ehe und Partnerschaft angeht. Ich merkte: »so geht es nicht weiter!«, was mich in verschiedene Krisen führte: Ehekrise, persönliche Krise, Glaubenskrise und durch den Abnabelungswunsch eine Mutterkrise.

Zu Hause war es bereits ruhiger geworden und ich hatte mehr Zeit, mir Gedanken zu machen. Meine Mutter lebte noch, als ich anfing, mein Leben zu hinterfragen. Die Arbeit war weniger geworden, zwar mussten meine Doppellender-Kühe noch am Abend versorgt werden, aber das konnte ich jetzt ohne Hetze bewerkstelligen. Die Kinder besuchten nun höhere Schulen oder studierten sogar schon, waren auf jeden Fall die ganze Woche über abwesend. Ich legte viel Wert auf die Bildung meiner Kinder, gerade weil ich selbst so wenig davon mitbekommen hatte.

Je weniger Trubel ich um die Ohren hatte, um so mehr wurde mir die Leere zwischen Ferdinand und mir bewusst. In diesen Jahren wurde mir klar, was das Leben wirklich ausmacht, was mir wichtig war.

Ich liebte und liebe noch tiefsinnige Gespräche über zwischenmenschliche Beziehungen, über Fragen zum Jenseits und vieles mehr.

Ich sehnte mich nach einem Mann, mit dem ich richtig reden konnte. Mit »richtig reden« meine ich, über uns, über unsere Beziehung zu sprechen. Bei Ferdinand stieß ich bei diesem Thema auf Unverständnis. Immer wenn ich begann etwas tiefer zu graben, machte er dicht. Ich glaube, ich wollte damals etwas in ihm wecken und herauskitzeln, was gar nicht da war. Jedenfalls biss ich auf Granit. Er begriff gar nicht, was ich wollte und nannte mich einfach »unzufrieden«. So kann man meinen damaligen Zustand auch bezeichnen.

Wenn die Kinder mit ihren Freundinnen und Freunden bei uns waren, gab Ferdinand den Charmanten. Er zeigte sich von einer Seite, die mir bisher unbekannt war. Da hat meine Stimmung auch nicht gerade gehoben.

Auch meine Mutter, die natürlich als Großmutter großes Ansehen hatte, spielte ganz selbstverständlich die Hauptrolle bei Tisch. Ich hätte mich mit den Kindern und ihren Freunden gerne über andere Themen unterhalten, aber das war mit Mama und Ferdinand nicht möglich. Ich wurde zunehmend verbittert: »Bin ich hier nur der Esel, der die Arbeit macht?«, fragte ich mich.

Meine Tochter Sabine verließ als erste das Elternhaus. Kurz nach ihrem Diplom hatte sie Arbeit in einem Personalbüro gefunden und dort auch einen Mann kennengelernt. Deshalb blieb sie unter der Woche bei der Familie ihres Freundes. Am Wochenende kam sie mit ihrem Freund zu uns. Aber Sabine und Ferdinand, das ging gar nicht. Sie konnte es nicht lassen, ihm fortwährend zu widersprechen, was bei den Jungen nicht so der Fall war. Sie waren diplomatischer und ließen ihn einfach reden. Sabines Kampfgeist, sie ist das Gegenteil von mir, provozierte ihn. Und sie war mir so auch ein Vorbild, selbst einmal aufzubegehren.

In dieser wichtigen Zeit meiner Persönlichkeitsentwicklung schenkte mir Sabine das Buch *Liebe Mädchen kommen in den Himmel, böse überall hin*. Für die jungen Frauen heute, ist das längst überholt, aber für mich war es wie eine Offenbarung. Glasklar identifizierte ich mich mit den beschriebenen Situationen, war betroffen und schockiert über diese Entdeckung. Ich wurde wütend auf mich. Wie konnte ich nur so tolpatschig in die hier beschriebenen Fallen hineintappen. Erst jetzt begriff ich die Mechanismen, die dahinterstanden.

Selbstliebe und Selbstbewusstsein wollte ich nun an die erste Stelle rücken. Die Zeit war reif, jetzt, wo die Kinder langsam aus dem Haus waren. Leider reicht aber die Erkenntnis alleine nicht aus. Was ich unterschätzt hatte, ist, dass der Weg vom Wissen bis zur Umsetzung seine Zeit braucht. Ich wollte ihn schneller gehen, als gut für mich war.

Endlich Wissen

Für den Anfang wollte ich endlich eine Ausbildung machen, oder mir wenigstens ein bisschen mehr Allgemeinbildung aneignen. Die Kinder studierten bereits und ich beneidete sie um das Wissen, das ihnen dort vermittelt wurde.

Eines Tages entdeckte ich eine Annonce in einer belgischen Zeitung, eine Werbung für einen Volkshochschulkurs in Sozialwissenschaften mit dem Abschluss Graduat. Das war zwar nicht zu vergleichen mit dem klassischen Graduat, aber ich wurde hellhörig. »Das ist mein Ding«, spürte ich und war außer mir vor Freude. Endlich wieder etwas lernen. Schnell meldete ich mich an. Der Kurs dauerte vier Jahre mit Unterrichten zweimal die Woche. Leider war ich gezwungen einige Kilometer zu fahren, aber der Kurs fand auf der belgischen Seite statt.

Dazu gehörten auch Bildungsreisen, was immer sehr aufschlussreich für mich war. Am Ende sollte man eine Endarbeit über ein politisches oder soziales Thema schreiben. Als ich diese fertig hatte, war ich zwar froh über meinen Erfolg, aber mit diesem Graduat konnte ich nur in Löwen weiterstudieren, unmöglich in meiner Situation.

Schon kurz darauf weckte eine neue Annonce mein Interesse. Hier ging es um etwas ganz anderes, eine zweijährige Ausbildung zur regionalen Fremdenführerin. Voraussetzung war das Abitur. Für mich war das etwas hoch gegriffen, ich wollte auch gar keine Fremdenführerin sein, mich interessierten Kunst, Geschichte und Politik, vor allem auf deutscher Seite. Mit Kunst hatte ich mich noch nie befasst. Interessant fand ich vor allem die Kunstgegenstände in den verschiedenen Kirchen, die fast alle unterschiedliche Baustile hatten.

Ein Schrecken war für mich, dass wir schon nach zwei Monaten die erste Tour mit einem Bus voller interessierter Leute bewältigen sollten. Ich hatte mächtigen Bammel, nicht umsonst, meine Führung war schwach und unser Lehrer böse. Er war sehr streng und drohte, das müsse besser werden, sonst wäre ich raus aus der Schule. Ich gab mir Mühe. Mein Nachteil war, dass alle Mitschüler Abitur hatten. Deshalb war es für mich nicht leicht, da mitzuhalten.

Unsere Abschlussprüfung war nach zwei Jahren. Meine Aufgabe war eine Führung durch ein Schloss in Brühl. Ich habe unglaublich viele Stunden dafür gebüffelt. Leider kommt es dann doch nicht so souverän rüber, wenn man eine Menge Menschen vor sich hat und das nicht gewohnt ist. Es ging so, glaube ich. Meine Freude war riesengroß als ich die zweitbeste Endarbeit geschrieben hatte. Wir hatten uns ein Thema aussuchen dürfen und ich entschied mich für etwas Religiöses: *Echternach, die Kirche und die Spuren der Springprozession.* Dazu hatte ich unglaublich viele Archive durchkämmt, weil deren Spuren bis ins tiefste Mittelalter hinein reichen.

In der Zwischenzeit nabelte ich mich immer mehr von meinem Mann und meiner Mutter ab. Meine Mutter liebte ich zwar mehr als meinen Mann, aber sie nörgelte zunehmend an mir herum. Vielleicht hatte sie das Gefühl, ich hätte sie überholt, was aber völlig lächerlich war. Meine Kinder haben mich längst kilometerweit überholt. Auf der einen Seite war sie sehr stolz, auf der anderen fehlte etwas, was ich bis heute nicht richtig analysiert habe. Ich fühlte mich allein, die Chemie stimmte bei keinem von beiden.

Sonntag war der einzige Tag, an dem ich etwas Zeit für mich hatte. Die Kinder waren bei ihren Freundinnen und Freunden. Wenn Ferdinand und meine Mutter ihren Mittagsschlaf hielten, verzog ich mich zu einem Spaziergang. Dieser wurde immer mehr zu einer Suche nach meinem eigenen Ich, danach fühlte ich mich erbärmlich und traurig.

Es war Sommer und die Wiesen lagen voll mit duftendem Heu. Es zog mich magisch an, ich verkroch mich im Heu, weinte in meiner Not stundenlang vor mich hin. Stunden später kam ich nach Hause: »Wo bleibst du denn?« fragten sie. Ich bemühte mich, arglos und unbeschwert zu wirken und erfand die Ausrede, ich hätte Bekannte getroffen und einen Plausch gehalten. Anders konnte ich nicht alleine sein und zu mir selbst finden.

Der erste richtige Streit mit Ferdinand

Es war das Jahr 2001. Ein verrücktes Jahr, das verrückteste, das ich mir vorstellen kann. Mehr kann in einem einzigen Jahr nicht passieren. Heute wundere ich mich, dass meine Psyche das ausgehalten hat, jedenfalls halbwegs. Alles begann mit einer heftigen Auseinandersetzung zwischen meinem Sohn David und Ferdinand, Weihnachten 2000. Am zweiten Weihnachtstag bereitete ich das Mittagessen vor, alle waren in der Küche versammelt, auch ein Freund meiner Söhne. Nur David reparierte, so glaube ich, etwas an unserem neuen Autoradio. Ferdinand kam gerade vom Frühschoppen, sicher etwas angetrunken. In diesem Moment muss er etwas zu David gesagt, ihn kritisiert oder beleidigt haben, was diesen bis ins Mark getroffen haben muss. Seine Reaktion war dementsprechend. Bis heute kenne ich den Inhalt ihres Streites nicht.

Als wir essen wollten, fand ich David im Wohnzimmer, er sah nicht gut aus und wollte nicht zum Essen kommen. Meine Frage: »Willst du nicht zum Essen kommen?« verneinte er nur mürrisch. »Wo ist David?«, fragte Ferdinand, »er soll essen kommen.« »Er will nicht«, antwortete ich. Er ging ins Wohnzimmer und dann kamen beide in die Küche, wo eine heftige Diskussion begann. Derartige Vorwürfe hatte ich noch nie von David gehört, er war eigentlich immer gelassen. Ich war verblüfft, dass er es überhaupt wagte, solche Dinge zu sagen: »Ich wundere mich, dass Mama sich nicht schon längst den Strick genommen hat, viel zu fein ist sie für dich gewesen.«

Unsere Kinder und ihr Freund waren genau so platt wie ich. Nach dem Essen ergriff ich die Gelegenheit auch etwas zu dieser Sache zu sagen. Auf einmal hatte ich Mut. Was ich vor den Kindern hatte verheimlichen wollen, war schon längst bemerkt worden.

Wir gingen ins große Zimmer und ich sagte Ferdinand Dinge, die er sonst nicht von mir hören wollte. David stand hinter meinem Stuhl, mit der Hand auf meiner Schulter. Nie werde ich diese Situation vergessen, endlich ein Licht im Dunkel. Wir diskutierten zwei Stunden lang, ich bewunderte Davids Mut

Die Tage danach wurde noch viel gesprochen zwischen Ferdinand und mir. Nach und nach kam alles ans Licht was Jahre lang in mir gebrodelt hatte.

Zeit meiner Entwicklung

Bisher hatte ich in schwierigen Zeiten immer zu dem traditionellen Gott gebetet, den unsere Generation geprägt hatte. Das Gebet gab mir in den traurigsten Stunden Trost. Während der Suche nach Hilfe und Unterstützung bei diesem Gott geschah eine Veränderung in mir. Diese Vorstellungen gefielen mir nicht mehr. Die Mythen und Legenden, die Glaubenssätze, die man, so befahl es die Kirche, einfach glauben musste, das alles nahm ich nun genau unter die Lupe.

Aus Erfahrung weiß ich, dass einem immer dann, wenn man auf der Suche ist, auch die richtigen Hinweise oder Bücher in die Hände fallen. Die Wahrnehmung ist einfach dafür geschärft. Und so ist es auch mir ergangen. Ich fand Bücher, die mir befriedigendere Antworten geben konnten. Sie verhalfen mir zu einem neuen Bild von Gott, einem Gott, der greifbarer für mich war.

Erst jetzt wurde mir klar, wie ich meine Gedanken und Wünsche »mit der Kraft meines Glaubens« steuern konnte. Diese gedankliche Veränderung bekräftigte in mir einen tiefen Glauben an die Gesetze der Natur und des Geistes.

Dieser Wandel begann mit den Büchern von Dr. Joseph Murphy, der darin die »Macht der Gedanken« und die »Gesetze des Geistes« beschreibt. Aber das war erst der Anfang.

Dr. Murphy erklärte mir das »Wie«. Das »Wieso« fand ich dann in weiteren Büchern, die meine Entwicklung beeinflussten. Unter anderem auch in der Zeitschrift *Psychologie Heute*, die den Menschen all die diffusen Gefühle erklärt, die uns beherrschen. Diese Zeitschrift hat mir dabei geholfen, mein Inneres besser zu verstehen und progressiv damit umzugehen. Damit hatte ich einen Strohhalm, an den ich mich klammern konnte und mich immer weiter entwickeln.

In diesen Jahren bin ich zur Suchenden geworden, nach Gott und nach mir selbst. Ich benutze noch immer den Begriff »Gott«, um die über allem stehende Macht und Intelligenz zu beschreiben, die für jeden Einzelnen bereitsteht. Allerdings kam ich in dieser Zeit der Unzufriedenheit mit mir selbst und meinem Leben, meiner Ehe, nur zögernd voran. Nach zwei Schritten vorwärts, ging ich wieder einen zurück. Mein Ziel hatte ich schon vor Augen, nachdem die Kinder Freundinnen und Freund hatten und gebunden waren, wollte ich mein Leben verändern.

Schon seit Jahren spukte der Gedanke in meinem Kopf, Ferdinand zu verlassen, wenn das letzte Kind auszieht. Dieses Vorhaben war aber nicht so leicht umzusetzen, wie es sich anhört. Zwar war meine Mutter im Jahr 2000 verstorben, auf sie brauchte ich also keine Rücksicht mehr zu nehmen. Aber da war unser schönes Haus, das ich so liebte. Wo sollte ich Arbeit finden? Finde ich mit 52 Jahren überhaupt noch eine?

Über Zweifeln und Selbstzweifeln vergingen drei Jahre, in denen ich Stück für Stück am Puzzle meines Lebens arbeitete, was letztlich zur Klärung meines Dilemmas führte.

Jetzt wäre die Zeit reif gewesen, für ein besseres Leben. Keine Kühe mehr, keine Stallarbeit. Bequemlichkeiten im Haus. Aus dem Schlafzimmer war ich ausgezogen und hatte nun sogar ein eigenes Zimmer. Damit ich ihn bloß nicht verließ, war mir mein Mann sogar dabei behilflich, es herzurichten. Er versprach mir das Blaue vom Himmel herunter. Ich sollte mal eine schöne Kur machen oder eine Weltreise, sogar einen Sportwagen versprach er mir. Letzteres war lächerlich, ich wollte keinen Luxus, aber welche

Frau verlässt schon gerne ihre Komfortzone, zu der mein Leben fast geworden war.

Aber meine Gedanken kreisten weiter, immer um das gleiche Vorhaben, meinen Mann zu verlassen. Und nun verlangte es nach Erfüllung. Es war ein innerer Drang, dem ich mich nicht widersetzen konnte. In meinem Kopf gab es nur noch »du muss fort«.

Der Anfang war gemacht und ich hatte den Schritt gewagt, den ich schon lange vor Augen gehabt hatte. Innerlich hatte ich schon vor Jahren gekündigt. Dass ich meine Vergangenheit nicht so leicht hinter mir lassen konnte, merkte ich erst später.

Die Kraft der bildlichen Vorstellung

In meiner seelischen Not rannte ich, sobald ich frei war, aus dem Haus, über Wiesen und Felder. Es war eine innere Unruhe, die mich antrieb und gleichzeitig empfand ich Trauer.

Jetzt hatte ich nur noch einen Strohhalm, meinen Glauben, die Gewissheit mit der Kraft der Gedanken mein Ziel zu erreichen. Ich führte mir meine Wünsche vor Augen und plötzlich war mir klar, was ich wollte: »ich springe ins kalte Wasser und riskiere alles.« Ich stellte mir vor, »ich stehe am Ufer eines Sees, ich muss über dieses Wasser kommen, ohne unterzugehen, denn am anderen Ufer steht eine Gestalt, die mich auffangen wird.« In meinen Gedanken nannte ich diese Gestalt der Einfachheit halber »Jesus«.

Diese Vorstellung leitete mich mehrmals am Tag, immer dann, wenn die Ängste zu sehr in den Vordergrund kamen. Und ich wurde auf eine Art und Weise aufgefangen, die ich mir nicht gewagt hätte vorzustellen. Mit dieser Einstellung riskierte ich nun, mein Leben zu verändern.

Meinen Mann liebte ich nicht. Zu viele unangenehme Dinge und Erinnerungen hatten mich völlig abgeschreckt. Es gab keine Gefühl von Nähe oder ein harmonisches Gespräch, das mir so viel bedeutet hätte. Auch einen Austausch über unsere Kinder, über ihre verschiedenen Charaktere gab es nicht, das interessierte ihn nicht. In Gesprächen mit Ferdinand beschlich mich das Gefühl, dass er zwar meine Worte hörte, aber nicht begriff, was ich meinte.

Ich wünschte mir einen Seelenverwandten, Verständnis, die Gelegenheit, meine Gedanken auszusprechen. Ich wollte nicht mehr nur über die Arbeit, das tägliche Brot reden, sondern ich brauchte eine seelische Verbundenheit, Nähe, Verständnis, so dass wir Hand in Hand den Rest unseres Lebens genießen konnten. Ich kam zu dem Schluss, ich wünschte mir einen anderen Mann, der meinen Vorstellungen entsprach. Aber dazu musste ich zuerst mein Haus, meine Heimat verlassen und das war schmerzlich.

Auch mein Körper zeigte mir, dass er nicht mehr belastbar war. Es verging keine Woche ohne Erkältung und Grippegefühl, ohne richtig krank zu sein. Auslöser dafür waren die seelischen Veränderungen, das liebe Mädchen war gestorben, das »neue Mädchen« den kommenden Anforderungen noch nicht gewachsen. Mit meinem Verstand wollte ich alles ändern, aber wenn es ans Eingemachte geht und alte Gewohnheiten verloren gehen, spielt nicht immer alles mit.

Meine ganzen Sorgen und Bedenken machte ich mit mir alleine ab. Ich befürchtete, dass die letzten Jahre für die Kinder bedrückend gewesen waren. Sie sollten nichts merken, aber trotz aller Mühe, haben sie und Ferdinand meine Veränderung wahrgenommen.

Trotz meiner Sorgen war ich aber auch glücklich. Ich glaubte, dass eine alles überragende Intelligenz mit unvorstellbarer Energie dieses Wunder geschaffen hatte.

Den Zeitpunkt für den eigentlichen Schritt hatte ich haargenau richtig gewählt, denn eine Woche vor meinem Weggang verließ der letzte Sohn das Haus, um bei seiner Freundin einzuziehen.

Anfang Mai 2001 gab ich mir schließlich einen Ruck. Ich fühlte mich beschwingt und Energie geladen. Diese Energie ließ mich ohne Mühe den ganzen Hausputz erledigen, denn Ferdinand wollte ja erstmal versorgt sein. Danach suchte ich mir eine Bleibe in Arzfeld. Mir wurden verschiedene Wohnungen angeboten und ich entschied mich für eine im Parterre.

Doch alles sollte anders kommen.

Wegen des Hausputzes und vieler anderer Aktivitäten schmerzte mein Fuß so stark, dass ich unseren Hausarzt aufsuchte. Er stellte Arthrose fest, eine Krankheit, von der ich noch nie etwas gehört hatte.

Da ich unseren Arzt auch privat kannte und wir per Du waren, er war bis vor einem Jahr mit meiner Freundin zusammen gewesen, war es ganz natürlich, ihm von der Trennung zu erzählen. »Das musst du aber gut planen und durchdenken, so einfach ist das nicht«, bemerkte er. »Jetzt ist das Wartezimmer voller Leute, aber komm' doch heute Abend wieder, dann versuche ich, dir zu helfen.«

Peter unterstützt mich

»Na ja, wenn er meint«, dachte ich verwundert. Am Abend war ich zur Stelle. Als Peter die Tür öffnete, schlug er vor, eine Pizza essen zu gehen, er habe noch keine Zeit zum Kochen gehabt. »Einverstanden!« Mir war egal, wo wir die Unterhaltung führten.

Wir gingen in ein kleines Restaurant. Ich bestellte mir ein Glas Wein und später ein weiteres. Peter trank nie. Wir unterhielten uns die ganze Zeit über mein Problem, »soll ich ausziehen, oder nicht?« Aus seiner Praxis kannte Peter andere Frauen, die unzufrieden und dadurch seelisch und körperlich krank geworden waren. Sie wollen was ändern, trauen sich aber nicht, ihre Komfortzone zu verlassen.

Peter wollte mich nicht Hals über Kopf ins kalte Wasser springen lassen. Er machte mich auf eventuelle Gefahren, wie finanzielle Einbußen aufmerksam. Letzteres sah ich gelassen, schließlich gehörten die Ländereien mir. Zudem habe ich meinem Mann zu großen Einkünften verholfen, ihm den Rücken frei gehalten, er musste sich um nichts kümmern. Ich ging davon aus, dass er meine Arbeit auch ein Stück weit respektiert hat. Zudem wollte ich mich mit 52 Jahren nicht in eine kleine Wohnung zurückziehen, sondern mir auch eine Arbeit suchen.

Als wir gingen, es war eine laue Mainacht, sagte ich gut gelaunt zu Peter: »Doktorchen, das war aber mal ein netter Abend, ich danke dir dafür.« Er legte kameradschaftlich den Arm um meine Schultern und antwortete: »Ja, Veronika, ich mag dich und du magst mich auch«. Das stellte er zu meiner Verwunderung einfach so fest.

»Das müssen wir aber unbedingt noch einmal wiederholen«, schlug er dann vor. »Ja, gerne«, war meine Antwort. Wir planten für den nächsten Sonntag einen kleinen Ausflug nach Maastricht. Diese Abwechslung kam mir sehr gelegen und lenkte mich ein bisschen von meinen Sorgen ab.

Irgendwie war ich ganz aus dem Häuschen, wusste das Geschehene aber nicht einzuordnen. Dennoch empfand ich eine kleine Freude, eine Hilfe von außen, mit der ich nicht gerechnet hatte.

In Peter hatte ich bisher nie den Mann gesehen. Trotz seiner Beziehung zu meiner Freundin blieb er in meinen Augen immer der Arzt.

Wir beide in Maastricht

Auf der Fahrt nach Maastricht lag etwas Unausgesprochenes in der Luft. Wir redeten nur wenig miteinander. Ich glaube, jeder war mit seinen eigenen Gedanken beschäftigt.

In Maastricht angekommen, bummelten wir durch die Stadt und suchten uns zur Mittagszeit ein kleines Restaurant. Danach besuchten wir die berühmte Liebfrauenbasilika.

Dort passierte etwas sehr Merkwürdiges. Etwas, das ich noch nie im Leben gespürt hatte. Deshalb konnte ich das Gefühl auch nicht einordnen. Peter strömte etwas aus, das mich magnetisierte. Dieser Zustand verunsicherte mich total.

Beim Verlassen der Kirche standen wir beide auf der Straße und sahen uns verwundert an. Wir wussten: Nichts ist mehr so, wie vorher. Peter nahm mich in die Arme. Dann schaute er auf die Uhr und sagte: »Veronika, jetzt, um drei Uhr, mache ich dich zu meiner Frau«.

So etwas gibt es vielleicht im Film, und ich wusste beinahe nicht mehr, ob es Realität war, oder nicht. Doch der Film wurde Wahrheit, unsere Wahrheit. Dergleichen Gefühle hatte ich in meinem ganzen Leben noch nicht empfunden, jetzt traf mich Amors Pfeil. Peters Überschwenglichkeit und seine totale Verliebtheit steckten mich an.

Mit meinem Mann hatte ich das nie erlebt. Dieser Zustand trug mich auf Wolken und ich muss gestehen, dass ich mit 52 Jahren zum ersten Mal richtig verliebt war.

Außerdem war ich stolz, dass ich mir ohne Peters Hilfe schon ein Zimmer in Arzfeld besorgt hatte. Das war bereits zwei Wochen vor meiner eigentlichen Entscheidung gewesen.

Erster Auszug aus dem gemeinsamen Haus

Nun war alles anders, alle Unsicherheit meiner Seele war verschwunden, ich war glücklich. Ich schwebte auf Wolken, endlich konnte ich ausziehen und eine neue Zukunft lag vor mir.

Nur noch eine Frage trübte mein Glück: »Wie sage ich es den Kindern und wie erkläre ich diese plötzliche Wendung meinem Mann?« Im Dorf wird so ein Ereignis natürlich auch sofort Tagesgespräch.

Ferdinand davon zu erzählen, fiel mir nicht so schwer, den Kindern gegenüber war mir mein Zustand peinlich. Mama, in ihrem Alter noch verliebt!

Ihre Reaktionen waren ganz unterschiedlich. Die Freundinnen der Jungen reagierten unbeschwert, ebenso meine Tochter. Michael war nicht begeistert, er ist eher konservativ. Und das, was gerade in seinem Elternhaus passierte, war ihm unangenehm. Er war folglich auch derjenige, der mich auf finanzielle Einbußen und andere Probleme aufmerksam machte.

Nichtsdestotrotz war mir selbst mein Verliebtsein nicht peinlich. In meinem Hochgefühl begann ich sofort mit dem Packen. In dem Dorf, in dem Peter wohnte, wurde eine Wohnung frei, dort zog ich ein, mit einem Teil meines Schlafzimmers. Eine Einbauküche war schon drin, so brauchte ich nur noch eine Couch und ein Tischchen. Die Wohnung in Arzfeld wurde wieder abgesagt.

Beim Umzug halfen mir meine Söhne und ihre Freunde. Als Dank für ihre Hilfe kochte ich im verlassenen Haus ein gutes Essen, bei dem auch Ferdinand anwesend war. Sicher war diese Situation nicht leicht für ihn, aber nach unserer Aussprache ließ er mich gehen, mit meinem Auto und der Hälfte des Geldes von einem unserer Konten. Er hatte mehrere Konten, über deren Inhalt ich nicht informiert war, es lag mir auch nichts daran. Ferdinand hatte in den letzten Jahren gut verdient. Es waren die Jahre der Stürme. In vielen Wäldern, auch in unseren, lagen massenhaft Bäume am Boden. Für Ferdinand war das eine Hochzeit. Jetzt, so erkannte er, hatte er die Gelegenheit, viel Geld zu machen. Er begann ein neue Geschäft, kaufte die Wälder und verkaufte das Holz. Er arbeitete selbst und zusammen mit anderen, unterstützt von Maschinen. Dieser Handel hat ihm viel Geld eingebracht. Auf meine Frage: »möchtest du dir nicht im Wald ein Zelt aufschlagen?«, antwortet er: »Ja, jetzt heißt es Augen auf, das Geld liegt auf der Straße.« Ich respektierte, dass es sein Geld war, er hatte wirklich hart dafür gearbeitet.

Diese Mahlzeit in unserem Haus sollte nicht die letzte sein. Mir schien es so, als sei ich die einzige Frau, die ihre Familie auf so eine ungewöhnliche Art und Weise verlassen hatte. Denn anders als andere sich trennende Paare, hatte ich ja eine ganz spezielle Beziehung zu meinem Mann.

Nach all den Jahren, in denen ich mich nicht mit dem Herzen an ihn binden konnte, trat nun ein anderes Gefühl auf. Das Gefühl eines strengen Vaters.

Wenn Kinder bei den Eltern ausziehen, geschieht das auf ganz unterschiedliche Art, je nach Charakter des Kindes. Einige lassen sich nur noch an Feiertagen sehen oder gar nicht mehr. Andere dagegen sehen manchmal nach den Eltern oder leisten kleine oder größere Gefälligkeiten. Hier war ich das Kind und ich fühlte mich auch so. Nie hätte ich meinen richtigen Vater alleine gelassen und so ähnlich handelte ich auch Ferdinand gegenüber.

Ich brachte ihm Kochen bei, indem ich ihm einfache Rezepte erklärte und aufschrieb. Bisher hatte er noch nie Töpfe und Pfannen in der Hand gehabt oder ein Ei gebraten. Er wäre verloren gewesen.

Samstags putzte ich (nun) sein Haus und bügelte seine Wäsche. Außerdem bauten unsere beiden Söhne im Dorf ihr Haus, unterstützt von ihren Freunden. Und wo sonst sollten sie essen, als bei uns.

Ich stand also noch mit einem Bein in meiner alten Familie, das andere Bein stand bei meiner neuen Arbeit und nur ein Teil war bei Peter.

Ich, überall gleichzeitig, geht das?

Wenn ich heute mein Handeln damals betrachte, bin ich einerseits zweifelnd, andererseits zufrieden. Natürlich wäre es für mich und meine Entwicklung das Beste gewesen, die Zeit mit Peter intensiv zu leben, es auszukosten. Er war ein so geistvoller und gefühlsbetonter Mensch. Sogar seinen Tagesablauf wollte er meinetwegen ändern.

Und was bewegte mich? Das Gleiche wie immer in meinem Leben. Ich wollte für jeden da sein. Hier ein Beispiel dafür, wie wenig ich zum Genuss fähig war: Ich war gerade dabei, die Fenster in Peters Schlafzimmer zu putzen, als er ins Zimmer trat. Er streckte sich der Länge nach auf dem Bett aus, sinnierte wie immer etwas vor sich hin und bemerkte dann: »Ich glaube, ich bin noch genauso in dich verliebt, wie am ersten Tag.« Ohne weiter auf seine Äußerung zu rea-

gieren, putzte ich eifrig die Fenster, statt seine Lie-
beserklärung zu genießen. Genießen musste ich erst
lernen.

Heute denke ich, das war nicht normal. Aber meine
Familie hielt mich noch immer fest. Und zwar so
sehr, dass sogar der Bäcker einmal zu mir sagte:
»Was ist denn los mit dir, zu wem gehörst du jetzt
eigentlich, du springst immer durch die Gegend.«
  Nicht nur, dass ich mich wie ein Kind unter Kindern fühlte, ich wollte sie unterstützen. Ich glaubte,
dass sie nicht so leicht mit der Situation klar kommen würden. Jetzt war ihr Vater auf sich allein gestellt. Hätte ich Ferdinand nicht durch meine Be-
treuung unterstützt, wäre das an den Kindern hängen geblieben. Genau genommen setzte ich aber
damit meine neue Beziehung zu Peter aufs Spiel. Ich
war der Meinung, meine Aktivitäten würden ihn
nicht weiter stören. Anscheinend habe ich mich
geirrt.
  Aber ich bin ein Mensch, der anderen nicht wehtun
will und ich will die Dinge so regeln, dass keiner zu
kurz kommt. Doch einer kam zu kurz.

Peter bemängelte nichts und kritisierte mich auch
nicht. Er beobachtete mein Treiben ein halbes Jahr
lang, und allmählich änderten sich seine Gefühle für

mich. Als ich ihn fragte, was denn los sei, erwiderte er nur: »Du siehst es doch selbst, du fühlst es doch!« Oh ja, ich fühlte es. Ich hatte den Bogen überspannt.

Peter und seine Krankheit

Langsam näherte sich der Monat Oktober und damit mein Geburtstag. Diesen wollte Peter mit mir, unseren vier Kindern und deren Partnern bei sich zu Hause feiern. Ich willigte gerne ein, denn sein Haus war größer als meine Wohnung. Also bereitete ich Häppchen vor und besorgte genug zu Trinken. Die Jungs haben immer großen Durst.

Die Feier machte mir viel Freude und ich war guter Dinge. Peter war zurückhaltend, den Grund erfuhr ich erst am nächsten Morgen. Da zeigte er mir seinen Hals: »Siehst du nichts«, fragte er mich. Als ich richtig hinschaute, bemerkte ich eine kleine Wölbung. Ich maß dem zunächst keine Bedeutung bei, bis er mir erzählte, dass er vor zehn Jahren an Krebs erkrankt gewesen war, der aber völlig ausgeheilt sei.

Er war am Boden zerstört als sich seine Vermutung bewahrheitete. »Es sieht nicht gut aus«, berichtete er nach einem Arztbesuch. Und so war es auch. Auch wenn die Ärzte den Ursprung für den Krebs nicht fanden. Diese Krankheit änderte alles in unserer Beziehung. Je mehr ich für Peter sorgen wollte, desto mehr ärgerte er sich und zog sich zurück. Später machte er mir klar, dass er ein paar Monate Zeit für sich brauche.

Trotz seiner Krankheit war Peter scheinbar in der Lage, sich in eine andere Frau zu verlieben. Sie war Französin und sehr nett. Obwohl unsere Beziehung nun quasi Geschichte war, ärgerte ich mich über diese neue Verbindung. Mein Verstand sagte »selber schuld«. Mein Herz reagierte eifersüchtig und fürchtete »nicht gut genug gewesen zu sein«. Nach dieser Episode war wieder »Seelenarbeit« angesagt.

Unsere Beziehung fand damit ihr trauriges Ende. Lediglich zur Chemo nach Liège begleitet ich ihn, wenn er es wollte. Zwei Jahre später, am zweiten Weihnachtstag, ist Peter gestorben.

Ferdinand zieht aus

Überraschenderweise schlug Ferdinand mir nun einen Tausch vor. Er erklärte mir, dass unser gemeinsames Haus zu viel Arbeit mache. Mit drei Etagen, Balkon und Terrasse fühlte er sich, wie wahrscheinlich viele Männer, überfordert. Vor allem, da er täglich mindestens 10 Stunden auswärts arbeitete. Er beabsichtigte, mein Elternhaus zu beziehen, das jahrelang von Malern aus Holland bewohnt worden war.

Wieder ein Umzug. Ich kündigte meine Wohnung und zog zurück ins neue Haus. Alle Kinder mit Freunden halfen uns beiden. Mein Elternhaus war vollständig mit Möbeln ausgestattet, doch diese waren verwohnt und Ferdinand wollte die ganze untere Etage renovieren und eine neue Einbauküche. Also rückten Handwerker an, klopften die alten Fliesen ab.

Und jetzt kam die Überraschung: Einige Tage später stand Ferdinand vor meiner Tür: »Da unten kann ich jetzt nicht bleiben, könnte ich die nächsten 3-4 Monate wieder hier wohnen.« Typisch Ferdinand, dachte ich, aber es blieb mir keine Wahl, ich willigte ein. Da wir inzwischen einen freundschaftlichen Umgang hatten und ich ihm das erste Jahr mit Haushalt und Kochen geholfen hatte, konnte ich ihn in dieser Notlage kaum abweisen. Aber ein mulmiges Gefühl hatte ich schon bei dem Gedanken, wie wir jetzt unser Beisammensein regeln sollten.

Ein streng gläubiger Mensch würde in dieser Situation vielleicht denken: »Gott, oder dein Überich, hat dir die Chance gegeben, Euch nochmal zu besinnen, und zu fragen, ob du auch richtig gehandelt hast.« Natürlich kam auch mir der Gedanke. Ich versuchte, ihn nicht mit dem Kopf, sondern mit dem Herzen zu prüfen. Das ist für mich nicht leicht, weil ich ein Kopfmensch bin.

Nach diesen Herz- und Kopfanalysen siegte die folgende Einsicht: »wenn ich mir jetzt nicht treu bleibe, bin ich den Rest meines Lebens traurig.« Das wollte ich nicht sein, Traurigkeit und Depressionen waren ja schon Teil meines bisherigen Lebens.

Diese Einsichten bescherten mir unvorhergesehene Situationen. Aber ich war jetzt optimistisch, wo ich vorher pessimistisch war.

Viele Frauen in meinem Alter müssen sich ja der Tatsache stellen, dass sie keinen Beruf gelernt haben. In dieser Situation steht man vor der Entscheidung: »Bleibe ich jetzt in meiner gewohnten Umgebung sitzen, oder wage ich den Ausbruch?«

Ja, ich habe vieles gewagt, vieles ist gescheitert. Aber ich bereue meine Entscheidungen nicht. Ich bereue nur meinen Kindern, jedenfalls nach 50 Jahren, keine Vorzeigemutter mehr gewesen zu sein, wie in den Jahren davor. In unserem kleinen Dorf waren meine Entscheidungen oft zum Tagesgespräch geworden und das war den Kindern peinlich.

Aber es kommt später noch peinlicher.

Wir waren vor dem Gesetz nicht geschieden. Ich selbst legte keinen Wert darauf und Ferdinand wollte auch keine offizielle Scheidung. Amtlich waren wir als »in Trennung lebend« eingetragen. Als er in Rente ging, erhielt ich die Hälfte davon.

Die Rente ist eher klein, früher versuchte man auf dem Land so wenig wie möglich einzubezahlen. Bei einer Scheidung wäre aber das gesamte Vermögen aufgeteilt worden und diesen Krieg wollte ich nicht heraufbeschwören.

Mein Kampf um eigenes Geld

Schade, dass meine Weiterbildungen nur zu meiner persönlichen Entwicklung beigetragen haben, eine Arbeit konnte ich dadurch nicht finden. Die Ausbildung zum »regionalen Fremdenführer« mit viel Kunst, Geschichte und Politik, hat mir selbst sehr gut getan, vor allem, um meine mangelhafte Allgemeinbildung aufzufrischen. Um diesen Beruf auszuüben, fehlten mir hier, in der Grenzregion, wieder die verschiedenen Sprachen. Aber ich hatte endlich etwas für mich getan.

Schließlich bewarb ich mich auf ein Stellenangebot als Hilfskoch in einem Restaurant. Das war keine leichte Arbeit. Den ganzen Tag den Befehlen des Chefkochs gehorchen und abends alles saubermachen. Zum Glück gehörte ein Spülmädchen zu unserem Trio, so dass die Putzerei nicht allein an mir hängen blieb. Dennoch musste ich die Stellung nach 18 Monaten wegen zunehmender Rückenschmerzen wieder aufgeben.

Aus heutiger Sicht hätte mir das Hotelgewerbe, jedenfalls in jüngeren Jahren, schon gefallen. Das gemeinsame Planen, das Erfolgserlebnis, wenn es allen geschmeckt hat, das Hoteltreiben an sich ist sehr abwechslungsreich.

»Schade, mal wieder gescheitert.«

Diesen Satz sollte ich nicht zum letztenmal gedacht haben.

Zunächst blieb ich ein Jahr daheim. Nach drei Jahren bedurften manche Dinge der Reparatur. Mit Streichen und Tapezieren verging diese Erholungszeit sehr schnell. Zwischenzeitlich suchte ich natürlich weiter nach einer passenden Arbeit.

Dann sprach mich eine Nachbarin an und sagte: »Da, wo ich arbeite, im Seniorenheim, wird eine Stelle frei. Bewirb dich doch.« Ich meldete mich gleich telefonisch an und bat um ein Vorstellungsgespräch. Man gab mir einen Termin und ich fuhr voller Freude und Erwartung zu dem Heim. Erstaunt war ich, dass so viele Menschen an dieser Stelle Interesse hatten.

Man befragte mich, prüfte meine Meinung zu Altenheimen im Allgemeinen. Natürlich bemühte ich mich, meine Antworten gut zu wählen. Der Chef des Heimes störte sich an meinem Graduat in Sozialwissenschaften. »Bisher war es nicht üblich solche

Leute einzustellen«, bemerkte er. Das führe nur zu Ärger. Besonders viel Wert würden sie auf Kreativität legen, ein Umstand der mich stutzig machte, und ich dachte mir, hier geht es doch eigentlich um wichtigere Dinge als Kreativität, z.B. nett zu alten Menschen zu sein, ihnen zuzuhören oder anderweitig zu helfen.

Also stellten sie mich ein, obwohl beide Chefs, der weibliche und der männliche, nicht ganz überzeugt waren. Ich war fürs Esszimmer zuständig und um die Mahlzeiten zu servieren, beschlossen sie nach langem Verhör. Ich solle dort meine Kreativität unter Beweis stellen und die Tische schön herrichten. Das war keine Kunst, Material dazu war genug vorhanden. Nach drei Wochen lag die Kündigung im Briefkasten und ich fiel aus allen Wolken. Ich hatte mich so bemüht alles richtig und gut zu machen, darum ging es hier aber gar nicht.

Auf meine Frage nach dem Warum bekam ich zur Antwort, die Chemie im Umgang mit den anderen Mitarbeiterinnen stimme nicht. Jetzt war ich völlig von den Socken und zermarterte mir das Gehirn. Ich musste noch eine Woche arbeiten und nach und nach erfuhr ich von einer Kollegin, mit der ich öfters zusammen arbeitete, um was es hier ging; um Unterwürfigkeit. Ich war zu organisiert und arbeitete zu selbstständig, erfuhr ich aus ihren Erklärungen. Ein

Beispiel: das Frühstück wurde am großen Tisch hergerichtet. Wer laufen konnte, durfte sich selbst bedienen, Rollstuhlfahrer sonderbarerweise nicht. Ihnen richtete man die Brote her wie Kindern. Also holte ich mir die Rollstuhlfahrer wieder von den Tischen und forderte sie auf, sich selbst auszusuchen, was sie wollten. Ich war der Meinung, sie können zwar nicht mehr gehen, aber sie haben zwei Hände, die sie gebrauchen können, um sich etwas von der Platte zu nehmen und sich ihre Brote selbst zu schmieren. Dabei war ich auch stolz und froh, als ich ihre freudigen Gesichter sah; am nächsten Tag lief wieder alles wie gewohnt. Meine Eigeninitiative war wohl eine schwere Sünde und ich nicht untertänig genug. Kreativität war scheinbar doch unerwünscht, ein Herz für alte Leutchen sicher nicht.

Ein weiteres Beispiel: um 21 Uhr war Feierabend. War man früher fertig, musste im Flur gewartet werden bis die Glocke schlug. Praktisch wie ich meistens bin, dachte ich mir: warum hier herum stehen? In der Zeit könntest du bei einer einsamen alten Frau reinschauen und diese ein bisschen unterhalten. Wieder ein grober Fehler. Eigenes Denken und Eigeninitiative waren nicht erlaubt, wie beim Militär, aber das war 2004.

Enttäuscht, entmutigt und beschämt über diese Niederlage, versuchte ich mich neu zu orientieren. Zwischenzeitlich bot ich meinem Sohn Michael meine Hilfe an, ich könnte ihren Keller streichen, denn beim Bau seines Hauses war jede Hilfe wertvoll. Das ging bis zu dem Tag als wieder eine neue Idee in meinem Kopf herumspuckte. Der Anlass war ganz gewöhnlich. Ich suchte in einem Kosmetikgeschäft nach einer Creme. Während der Wartezeit sah ich mich interessiert um und beobachtete eine Kosmetikerin bei ihrer Arbeit an einer Kundin. »So eine Dienstleistung an einem Kunden, das könnte eine Möglichkeit für mich sein. Körperlich ist das sicher leicht zu bewältigen, keine Schwerstarbeit«, kam mir in Sinn. »Aber das Wissen«, überlegte ich weiter. Hier war eine Hürde, die mir schnell bewusst wurde. Für eine anspruchsvolle Ausbildung hatte ich noch einen weiten Weg von mir.

Aber die Idee ließ mich nicht zur Ruhe kommen. Bei den Ausbildungsmöglichkeiten, die nicht zu teuer waren, gab es nicht viel Auswahl. Entweder ich besuchte wieder einen dreijährigen Kurs mit Diplom. Dafür war ich schon zu alt und es lohnte sich nicht mehr. Aber in Deutschland wurde ein einjähriger Kurs angeboten mit dem gleichen Diplom. Das Problem war, wie komme ich jeden Tag in das 90 Kilometer entfernte Aachen; vormittags sollte der theoretische Unterricht sein und nachmittags der praktische. Insofern war alles in ein Paket geschnürt.

Schließlich blieb mir nur eine Möglichkeit, um kostengünstiger zu leben und meine Zeit besser einzuteilen: ich muss umziehen, entschied ich mich. Schnell fand ich eine bescheidene Wohnung, eher ein Studio, in dem alles vorhanden war, was ich brauchte und nicht zu teuer. Am Wochenende kehrte ich nach Hause zurück, um hier nach dem Rechten zu sehen.

Außenstehende aus dem Dorf und der Verwandtschaft mussten mich für verrückt gehalten haben. Eine Frau, in den späten Jahren, versucht noch eine Ausbildung, das ist hier auf dem Lande völlig unverständlich. Vom Typ her bin ich ein aktiver und dynamischer Mensch, besonders Schulen und Kurse haben eine große Anziehungskraft auf mich. Im Leerlauf würde ich nur melancholisch werden und später depressiv. Ich brauchte diese geistige Nahrung.

Im Herbst begann ich meinen neuen Lehrgang mit lauter Abiturientinnen, die mir in vielen Fächern überlegen waren. Von Chemie und Physik hatte ich nicht den kleinsten Schimmer und fühlte mich völlig hilflos. Glücklicherweise fiel mir meine Nichte ein. Sie war Biologin und konnte mir bestimmt helfen.

Also verbrachte ich ein Wochenende bei ihr in Köln und sie bemühte sich, mir die ersten Schritte in Chemie beizubringen, denen ich nur mühsam folgen konnte. Schlussendlich blieb dann doch etwas hängen.

Alle anderen Fächer schaffte ich gut. Interessant fand ich den Anatomieunterricht und ich bemühte mich sehr hier aufzuholen, was ich in den anderen Fächern versäumt hatte. Die praktischen Anwendungen am Nachmittag durften wir an Frauen versuchen, die sich dafür zur Verfügung stellten. Hier konnte ich auch gut folgen.

Ein weiteres Problem stellte sich im Umgang mit den jungen Mädchen aus der Stadt heraus. Damit ich meine Wertschätzung nicht völlig verlor, war hier noch zusätzlich die Arbeit an mir selbst nötig, ich musste stärker werden. Sie waren unbekümmert, unbeschwert, ein Team. Neben ihnen kam ich mir wie eine Außenseiterin vor. Dieses Gefühl forderte mich jeden Tag aufs Neue heraus, ich musste die Ungleichheit ertragen.

Die Prüfung bestand ich mit der Note *gut* damit war ich hochzufrieden und auch stolz, es geschafft zu haben. Nun begann die Suche nach einer möglichen Arbeit. Halbtags schien mir die beste Lösung. Ich besuchte alle Salons, die sich in meinem Umkreis befanden. Fast hätte ich den Mut verloren, als ich endlich in einem Dorf, nicht weit entfernt, doch Glück hatte. Am Anfang brauchte die Besitzerin mich zwar nur am Wochenende, doch ich hoffte, dass später vielleicht mehr daraus werden würde.

Zwei Monate später erklärte mir die Chefin, dass sie umziehen wolle, nach Aachen, um dort eine behinderte Freundin zu betreuen. Diese Freundin besaß auch ein Kosmetikstudio. Also fragte sie mich, ob ich nicht Lust hätte, ihr Studio zu übernehmen. Leider war ich bei der Prüfung der Einnahmen nicht kritisch genug; scheinbar waren die Finanzen manipuliert. Wenn man sich etwas zu sehr wünscht, und das war bei mir der Fall, ist man oft nicht vorsichtig genug. Ich übernahm das Studio und wurde enttäuscht. Als ich aufgeben musste, hatte ich noch Glück, dass die Firma, von der ich meine Ware bezog, diese wieder zurücknahm.

Wie ging es mir nach diesen vielen Enttäuschungen und auch der Beschämung? Besonders in Bezug auf meine Kinder war dieser Misserfolg nicht gerade rühmlich. Ich brauchte lange Zeit, um diese Schande zu überstehen und das Leben aus einer anderen Perspektive zu betrachten.

Ich sah mich nun nicht mehr nach einer neuen Arbeit um, denn zeitgleich waren Enkelchen zu versorgen, was meinem Leben einen neuen Sinn gab.

Zudem trat gerade einige Monate später ein neuer Mann in mein Leben, mit dem ich jetzt zehn Jahre zusammen bin. Allerdings ein bisschen halbherzig und mit vielen Krisen.

Ich nehme an, für meine Kinder war es nicht leicht, meine letzten Jahre zu verstehen. Meine verzweifelte Suche nach Arbeit, mit der ich immer wieder gescheitert bin. Was für mich schon peinlich war, für sie war es das möglicherweise noch mehr. Kinder lieben eine Vorzeigemutter, die ich ihnen in der Vergangenheit mit Sicherheit war. Jetzt stand alles auf dem Kopf und verständlicherweise konnten sie meinen Lebenswandel nicht verstehen. Meine Älteste und einer meiner Söhne sahen die Sache eher optimistisch und sagten zu den anderen: »wäre es euch lieber, Mama wäre inzwischen krank und depressiv, wie viele Frauen, die zu Hause verkümmern.« Diese Einstellung war ein Trost für mich.

Neue Liebe in späten Jahren
– Silvester 2005

Meine Tochter Sabine wünschte sich, dass ich diesen Silvesterabend mit ihnen gemeinsam verbringen sollte. Das heißt mit ihr, ihrem Ehemann, ihren Brüdern mit Freundinnen. Wie bei allen Festen, sollte im nächstgelegenen Gasthaus gefeiert werden. Ich sagte zu Sabine: »was stellst du dir vor, ich bereite für den Neujahrstag ein aufwendiges Menü vor«. Sabine, schon ärgerlich: »was soll das wieder Mama? Du gehst mit.« Leider musste sie sich mit meiner Absage abfinden, ohne dass ich eine Ahnung hatte, war für ein ungewöhnlicher Plan hier aufgegangen war, von geistigen Mächten geleitet und einer Energie, die uns immer zur Verfügung steht, wenn wir darum bitten und ich hatte gebeten, schon eine ganze Weile.

Seit 2002 lebte ich mein Leben im Alleingang. »Bin ich überhaupt noch beziehungsfähig?«, prüfte ich meine Gefühle. Nach einigem Nachdenken mit Kopf und Herz, stellte ich fest, dass im Herzen noch eine verdrängte Sehnsucht nach einem Partner bestand. So begann ich wieder mit meinen bewährten Methoden und setzte mich in Verbindung mit meinen geistigen Helfern, von deren Unterstützung ich überzeugt bin. Meine erste Aufgabe bestand darin, mir ein Bild von meinem zu erwartenden Partner zu erstellen. Ein wenig könnte er meinem Vater gleichen, den ich ja so geliebt hatte, aber natürlich jünger. Mit genügend Geist und Witz ausgerüstet, einfach zusammengefasst, ein Seelenverwandter sollte er sein. Diesen Wunschzettel leitete ich zu den höheren Kräften, im festen Glauben an deren Verwirklichung. An diesem betreffenden Abend bedienten sie sich der Menschen, die behilflich waren, damit alles bis aufs Kleinste klappte. Mit dem Ergebnis, dass Jürgen in mein Leben trat.

Zu Jürgens Lage: seine Frau war fünf Monate vorher an Krebs gestorben. Zu ihrer Pflege ließ er sich frühzeitig in den Ruhestand versetzen. Außerdem schloß er seinen gut gehenden Frisiersalon, in dem er bisher gearbeitet hatte.

Zu seiner Tochter Maggi: sie wohnte 30 km von Jürgen entfernt, in unserer Gegend. Um ihren Vater an Silvester nicht alleine zu lassen, bot sie an, mit ihm zu feiern, im eben erwähnten Gasthaus, wo auch unsere Kinder einkehrten. So fügte es sich, dass der Wirt Jürgen mit Familie aus Platzmangel zu unseren Kindern an den Tisch setzte.

Später am Abend, nachdem reichlich Essen und noch reichlicher Wein geflossen waren, waren alle guter Laune. Sabine saß Jürgen schräg gegenüber und beobachtete ihn. Dann blitzte ein Gedanke in ihrem Gehirn auf. Das Gleiche schien bei ihrer Nachbarin, die in ihrem Alter war, zu passieren. Beide steckten die Köpfe zusammen. »Sabine, würde dieser Mann nicht gut zu deiner Mutter passen?« »Natürlich, darüber denke ich schon die ganze Zeit nach.« »Also los, ruf sie an und sag ihr, dass sie herkommen soll.« Kurzerhand rief Sabine mich an: »Mama, du musst sofort kommen, hier ist ein Mann für dich, der passt zu dir.« Ich: »Wie kommt ihr auf die Idee, dass ich einen Mann suche, seid ihr völlig verrückt.«

Enttäuscht resignierte meine Tochter, aber die Nachbarin ließ ihr keine Ruhe: »Komm wir rufen nochmal an, ich rede mit ihr, zu zweit ist das wirkungsvoller.« Wieder schellte bei mir das Telefon. Diesmal bekräftigte die Nachbarin noch zusätzlich das Vorhaben. Ich: »Ihr wisst doch, dass ich jetzt von der Arbeit hundemüde bin.« Von baden und Haare machen ganz zu schweigen. Enttäuscht legten sie auf.

Um 23 Uhr wieder das Telefon: »Also Mama, nun komm doch endlich, tu es für mich.« Plötzlich entschied ich mich um, jetzt hatte mich die Neugierde gepackt. »Na gut, ihr Quälgeister, ich komme, so etwa um Mitternacht.«

Kleid aussuchen, duschen, Haare fönen, das ganze Programm. Als ich durch die Tür des Restaurants eintrat, prosteten sich alle zum neuen Jahr zu. In dem Moment sagte Jürgen zu seiner Tochter Maggi: »Kennst du die Frau, die gerade zur Tür herein gekommen ist, die würde mir schon gefallen.« Aber sie kannte mich nicht.

Ich suchte meinen Platz in der Gruppe meiner Kinder und ihrer Freundinnen. Dazu gehörte auch Sabines Ehemann, der 12 Jahre älter ist als sie, folglich 9

Jahre jünger als ich. Dieser Umstand führte dazu, dass Jürgen Sabines Partner für meinen Ehemann hielt. Durch seinen vermeintlichen Irrtum enttäuscht, wandte er sich wieder seiner eigenen Gruppe zu.

Nach dem Silvestersekt folgten noch einige Gläser Wein und Sabine fasste Mut. Sie näherte sich Jürgen, zupfte ihn am Ärmel seiner Jacke und sagte: »Du, wir Kinder sind schon seit fünf Jahren auf der Suche nach einem Freund für unsere Mutter.« Jürgen: »Dann reich sie mir doch mal rüber.« Er schien total verblüfft, war er doch der Meinung, ich sei schon in festen Händen. Nach belgischer Art begrüßten wir uns mit Küsschen rechts, Küsschen links und schauten uns erstmal völlig verdattert an.

Ich fühlte mich überrumpelt und anfangs kam nur zögernd ein Gespräch auf. Später nach einem Glühwein mit Rum wurde ich mitteilsamer. Jürgen forderte mich zum Tanz auf und als wir am Discjockey vorbei tanzten, sagte ich ganz beiläufig: »Der da, der die Musik auflegt, das ist mein Exmann.« Jürgen war verdattert. Er schien die Nachricht nicht so gut zu verdauen. Nach unserem ersten zögerlichen Kennenlernen, nun dieser Schock. Den verflossenen Ehemann bei seinen ersten Annäherungsversuchen als Zuschauer zu wissen, machte Jürgen nicht gerade mutiger. Im Gegensatz zu mir, ich war von seiner Gegenwart nicht so betroffen, gewohnt, dass er häufig auf Veranstaltungen Musik machte, wo ich zugegen war. Auch beruhigte mich der Gedanke, dass er ja schon längst selbst eine Freundin hatte.

Nach diesem Abend unserer ersten Begegnung, planten wir unser nächstes Wiedersehen. Nach anfänglichen Schwierigkeiten, die hauptsächlich von mir ausgingen, sind wir jetzt nach 10 Jahren noch immer ein Paar. Praktischerweise wohnt Jürgen nur 30 km von mir entfernt, das ermöglicht uns eine Beziehung zu leben, in der es auch Freiräume gibt, für ihn, sowie für mich. Es verschafft mir auch Zeit für die Enkelkinder und meine Hobbys.

Mit dieser Regelung war Jürgen anfänglich nicht zufrieden. Er wünschte sich, mich immer um sich zu haben, ein Umstand, mit dem ich wiederum nicht klar kam. Gewohnt mit allen Schwierigkeiten alleine fertig zu werden, bin ich zwangsläufig schon eine kleine Einzelgängerin geworden. Ich brauche etwas Zeit, um das, was ich mir wünsche, auch leben zu können.

So verlangte auch diese Beziehung wieder Auseinandersetzungen, aber jetzt mit Vernunft und Verständnis. Sechs Monate nach dem Tod seiner Frau hatten wir uns kennen gelernt und nun freute er sich auf ein gemütliches Zusammensein mit seiner

Partnerin. Er denkt: »Mein Leben war voller Arbeit und Schicksalsschlägen, aber jetzt möchte ich in Ruhe meine Tage in Zweisamkeit genießen.«

Und ich? Ich tue mich noch immer schwer mit dem Genießen. Diese Haltung ist gegen meine Natur und ich würde mit Sicherheit melancholisch und depressiv werden So stoßen wieder zwei völlig unterschiedliche Welten aufeinander.

Im Gegensatz zu Ferdinand hat mich Jürgen mit Liebe und Zärtlichkeit überschüttet, die ich auch genießen kann, aber nicht ständig. An Arbeit gewöhnt, zudem extrovertiert, brauche ich mehr als Haushalt und Partnerschaft.

Der Wermutstropfen im Becher der Freude, war die Tatsache, dass Ferdinands Haus und mein Haus nur einen guten Steinwurf voneinander entfernt sind. Es störte mich, direkt vor seinen Augen mit einem anderen Mann zu leben. Anscheinend waren solche Gefühle noch immer ein Teil von dem lieben Mädchen, das noch nicht völlig ausgelöscht war.

Als Jürgen und ich sechs Jahre zusammen waren, schlug das Schicksal zu. Und zwar auf eine Art und Weise, an der mein Wunschdenken nicht beteiligt war. Jürgen und ich waren gerade auf dem jährlichen Trödelmarkt im benachbarten Städtchen. Wegen der unerträglichen Hitze wollte ich doch lieber nach

Hause gehen. So traten wir den Heimweg an und stellten überrascht fest, dass ein Polizeiwagen vor meinem Haus stand. Der Beamte teilte uns die furchtbare Nachricht mit. Mit dem Hubschrauber sei Ferdinand ins Krankenhaus gebracht worden. Ein Baum im Wald hatte seinen Kopf getroffen, er arbeitete immer ohne Helm. Nun lag er dort, halbtot und wir wussten nicht, ob er noch einmal aufwachen würde. Sechs Wochen lag er im Koma, ein Teil der Schädeldecke war entfernt worden, damit das Gehirn die Möglichkeit hatte abzuschwellen. Sonst wäre eine Ader geplatzt. Dann kam er wieder zu Bewusstsein, aber sein Gehirn war geschädigt. Die Sprache war weg, sein Körper gelähmt. Er konnte nur einen Arm zum Teil gebrauchen, seine Sehkraft war getrübt.

Unsere Kinder waren geschockt. Ein Sohn, der zufällig in der Nähe des Krankenhauses arbeitet und demzufolge schnell an Ort und Stelle war, kam völlig entsetzt nach Hause und bemerkte traurig und ärgerlich zugleich: »So, das hat er nun von seiner unsäglichen Arbeitswut.«

Wir teilten uns auf, damit wir ihn so oft wie möglich besuchen konnten. Es folgten Rehabilitationsaufenthalte und Kuren, die kaum einen Erfolg brachten. Als in einem Heim, das nicht weit entfernt liegt, in Platz für Ferdinand frei wurde, waren wir zufrieden, ihn in der Nähe zu wissen. Hier sind sie auf Schwerstbehinderte eingerichtet. Vom Rollstuhl ins Bett und umgekehrt, dabei hilft eine Hebemaschine. Eine Krankenschwester teilte mir mit, dass vor einigen Jahren Menschen mit einer solchen Behinderung überhaupt nicht aus dem Bett geholt wurden. Also kann man dankbar sein, dass es jetzt solche Möglichkeiten gibt.

Während diesem sechsjährigen Aufenthalt hatte sich Ferdinands Gehirn ein wenig entwickelt. Die Augen zwar nur schwach, doch er erkannte uns alle schon an der Stimme. Er freute sich über jeden Besuch aus der Familie, von Nachbarn und Dorfbewohnern schaute kaum jemand vorbei, weil nur eine einseitige Unterhaltung möglich war, da er zwar zuhören aber nicht antworten konnte.

Für mich war diese Situation nicht gerade leicht. Ich fühlte mich verpflichtet nach ihm zu sehen, Arzttermine zu organisieren, ihn mit dem Rollstuhl hinzufahren. Ich konnte das machen, weil ich nicht zur Arbeit muss. Die Kinder dagegen waren voll berufstätig und machten ihre Besuche am Sonntag.

Mein Freund Jürgen war, wie man sich vorstellen kann, nicht gerade erbaut über mein Engagement. In dieser Sache habe ich viel hin und her überlegt und mir auch selbst die Frage gestellt, warum tust du das, musst du dir das immer antun. Zuletzt siegte die Vernunft. Diese sieht die getroffene Wahl folgendermaßen: es ist vor allem eine Sache des Respekts Ferdinand gegenüber. Die Arbeit, die er geleistet hat, trug dazu bei, dass die Kinder gute Schulen besuchen, sich nebenbei Geld verdienen konnten und auch ich stehe gegenwärtig nicht ohne Mittel da. Zwar nicht im Wohlstand, aber es reicht.

Jürgen und ich haben uns arrangiert, ich wohne jetzt in einem anderen Ort, der sechs Kilometer entfernt ist. So kann ich pendeln und habe hin und wieder Abstand. Mit dieser Regelung sind wir beide zufrieden, wir sprechen uns ab und sind immer füreinander da.

Im Winter begann Ferdinand merklich abzubauen. Körper und Geist wollten scheinbar nicht mehr, er war lebensmüde geworden. Mehrere epileptische Anfälle setzten ihm zu. Dazu noch eine Lungenentzündung, mit der er ins Krankenhaus eingeliefert wurde. Nun lag er, angeschlossen an ein Beatmungsgerät, regungslos im Krankenbett und sah Mitleid erregend aus.

Mit meinen Kindern wechselten wir uns ab, sorgten dafür, dass immer jemand aus der Familie nach ihm sehen konnte. Als er sich nach einigen Tagen merklich erholte, wollten ihn die Ärzte in seine gewohnte Umgebung im Pflegeheim entlassen, doch nach wenigen Tagen verschlechterte sich sein Zustand wieder.

Als früh morgens das Telefon klingelte, war ich auf das Schlimmste vorbereitet. Ich kam zu ihm und wusste bereits, dass es zu Ende ging. Ich habe ihn in diesen letzten Stunden begleitet, vielleicht hat es ihm das Sterben erleichtert, mich an seiner Seite zu wissen.

Aus Respekt mir gegenüber war ich gegangen. Ich konnte nicht weiter als »seine Frau« leben, aber ich konnte wohl etwas aus Freundschaft und für die vergangene Partnerschaft für Ferdinand tun, der froh über jedes gute Wort, über jede Dienstleistung und Anteilnahme war.

Was sagt mein Gefühl? Noch immer bin ich die liebende Mutter, die ihren Kindern in allen Lebenslagen helfen will. Was lebe ich meinen Kindern vor? Eine Frau, die trotz neuem Lebenspartner den Exmann besucht und betreut? Eine Frau, die nicht konsequent ihren Weg geht? Ich glaube, ich bin keine Frau, die stur einem Weg folgt. Mein Herzgefühl wird mich leiten, dessen bin ich mir sicher.

Zum Schluss

Wenn ich über mein Buch nachdenke, muss ich feststellen, ich habe mir mein Leben wieder geholt.

Der erste Teil war unbefriedigend, oft erschreckend. Im zweiten Teil versuchte ich immer wieder Versäumtes nachzuholen, mir geistige Nahrung zu verschaffen und mein unbefriedigendes Gefühlsleben zu retten. Auf zahlreichen Irrwegen bin ich immer wieder gefallen, habe mich aber wieder aufgerappelt. Meine Seele ist zur Ruhe gekommen und in Frieden mit meiner Vergangenheit beschließe ich mein Buch.

In Achtung meiner Vorfahren,
mit Respekt und Liebe.

Zeitfracht Medien GmbH
Ferdinand-Jühlke-Straße 7
99095 Erfurt, Deutschland
produktsicherheit@kolibri360.de